纪念钱伟长诞辰110周年丛书

成旦红　刘昌胜　主编

钱伟长治学理念与教育思想

冯秀芳　著　　戴世强　审订

上海大学出版社

·上海·

图书在版编目(CIP)数据

钱伟长治学理念与教育思想/冯秀芳著.—上海：上海大学出版社，2023.9
(纪念钱伟长诞辰110周年丛书)
ISBN 978-7-5671-4798-0

Ⅰ.①钱… Ⅱ.①冯… Ⅲ.①钱伟长（1912-2010）—教育思想—研究 Ⅳ.① G40-092.7

中国国家版本馆 CIP 数据核字（2023）第 170229 号

责任编辑　石伟丽
封面设计　柯国富
技术编辑　金　鑫　钱宇坤

钱伟长治学理念与教育思想
冯秀芳　著　　戴世强　审订
上海大学出版社出版发行
（上海市上大路99号　邮政编码200444）
（https://www.shupress.cn　发行热线 021-66135112）
出版人　戴骏豪

*

南京展望文化发展有限公司排版
江阴市机关印刷服务有限公司印刷　　各地新华书店经销
开本 710 mm×1000 mm　1/16　印张 10.5　字数 141千
2023年10月第1版　2023年10月第1次印刷
ISBN 978-7-5671-4798-0/G·3539　定价　68.00元

版权所有　侵权必究
如发现本书有印装质量问题请与印刷厂质量科联系
联系电话：0510-86688678

总 序

成旦红　刘昌胜

钱伟长先生是我国近代力学奠基人之一,著名的科学家、教育家、社会活动家,上海大学"永远的校长"。

1913年,钱伟长先生出生于江苏无锡一个诗书家庭。在国学大师、四叔钱穆的教导下,18岁的他以优异的中文和历史成绩考入清华大学中文系。入学后不久,九一八事变爆发,他决定舍文从理,学造飞机大炮以报效祖国。他先后在清华大学、加拿大多伦多大学、美国加利福尼亚理工学院喷射推进研究所进行学习和研究,攻克了多个世界性难题,成为蜚声中外的固体力学和流体力学大师。

钱伟长先生的成长受益于中外最优秀的思想文化。钱穆、吕叔湘、杨荫浏、叶企孙、顾颉刚、吴有训、马约翰、辛格、爱因斯坦、英费尔德、冯·卡门这些在20世纪熠熠生辉的名字都与他的成长联系在一起。在与世界顶尖人才的交往学习和中外精粹文化的共同熏陶下,钱伟长先生很早就形成了深刻而独特的思想。他的身上汇聚着传统的坚忍、仁爱与责任感以及现代化的开放、平等与创新特质,这些贯穿了他的科学研究、办学思想、社会活动等方方面面。

一生之中,钱伟长先生始终把个人的命运与国家、民族的命运联系在一起。他满怀深情地说:"回顾我这一辈子,归根到底,我是一个爱国者。"

在国家的危难时刻,已经声名远扬的他放弃国外优越的生活条件,冲破阻力只身回国,承担起科学救国的重任;在社会快速发展的年代,他认为教育是国家和民族发展的基础,投身教育振兴,始终坚定地站在科学教育的前沿,在教育和教学实践中汲取中西文化之长,积极探索符合中国国情的教育理论,并尽其所能付诸实践。他的丰满人生、科学精神、爱国情怀永远被大家铭记!

大任于斯,伟业流长。钱伟长先生的一生,从义理到物理,从固体到流体,顺逆交替,委屈不曲,荣辱数变,老而弥坚。他的名言"我没有专业,国家需要就是我的专业"永远激励一批又一批后学晚辈以此为人生信条,为国家和民族的振兴而奋发有为。通过终身的学习奋斗和不辍的研究探索,钱伟长先生获得了丰富的科研及学术成就,形成了深刻而独特的教育思想和学术思想,留下了无数动人心弦的故事,这一切不仅是上海大学的宝贵财富,也是上海人民乃至全国人民的财富。我们研究钱伟长先生,要研究他所处的时代,研究他不平凡的经历,更要面向未来,以钱伟长先生之思想,为无数来者指明前行的方向。

在纪念钱伟长诞辰110周年之际,学校推出"纪念钱伟长诞辰110周年丛书",包括《钱伟长治学理念与教育思想》《钱伟长与上海大学》《钱伟长学术思想、科学精神及其影响》《钱伟长家世、家庭、家教和家风》《钱伟长爱国主义教育思想》《和钱伟长一起成长》六种。通过对钱伟长先生的生平经历和思想理念进行细致全面的梳理和研究,我们才能深入了解钱伟长先生的深邃思想和传奇人生,我们才能真正理解他的理念和实践,继承和发扬他所开创的事业,在他的热爱国家、情系人民的崇高品德和刻苦钻研、勇于创新的科学精神感召下,以饱满的热情为实现中华民族伟大复兴贡献力量!

序

我们正处于中华民族伟大复兴的时代。时代呼唤着大批德识才学兼备的英才,而我们的高等学府正是造就这样的人才的摇篮。大学里藏龙卧虎,近百年来,数不清的仁人志士为了富国强民呕心沥血,献身于祖国的教育事业,创造了不朽的业绩。钱伟长先生就是其中一位杰出的代表。

2021年9月27日至28日,中央人才工作会议在北京召开。习近平总书记强调,做好人才工作必须坚持正确政治方向,不断加强和改进知识分子工作,鼓励人才深怀爱国之心、砥砺报国之志,主动担负起时代赋予的使命责任。广大人才要继承和发扬老一辈科学家胸怀祖国、服务人民的优秀品质,心怀"国之大者",为国分忧、为国解难、为国尽责。如何继承和发扬光大老一辈科学家、教育家的优秀传统,如何传承他们的深邃思想,用以指导我们的日常工作?这是一个亟待回答的问题。为此,我们首先应该深入了解他们的生平事迹,深层次地分析他们的治学理念和教育思想。

钱伟长先生是闻名遐迩的应用数学家、力学家、教育家和社会活动家。他在近一个世纪的人生长途中,在学术和教育方面取得了巨大的成就。人们会问:钱伟长是怎样从农村寒儒子弟成长为知名科学家和教育家的?为什么他历经磨难却依然壮心不已、奋斗不息?为什么他能在诸多领域中业绩辉煌?他的治学理念和教育思想的精髓是什么?冯秀芳博士的专著《钱伟长的治学理念和教育思想》较为全面、翔实地回答了这些问题。

这里，我想简单地回顾一下此书的成书过程。进入新世纪之后，我有感于年轻一代在从事科研和教学过程中对科学史一知半解，对老一辈科学家和教育家的事迹不甚了了，更谈不上继承和发扬前辈的优秀学术传统了，因此萌生了研究力学史和方法论、分析前辈力学家学术思想的念头。承蒙国家自然科学基金委员会数理学部的及时支持，我申请的项目"我国近代力学奠基人学术思想研究"获准立项，专门研究周培源、钱学森、钱伟长和郭永怀这四位院士的学术思想。由于我身处上海大学，在钱伟长先生领导的上海市应用数学和力学研究所工作，多年来接受钱先生耳提面命，不断得到他的教诲，因此决定先研究身边这位科学家、教育家。

2003年，我招收了第一位力学史与方法论方向的博士研究生冯秀芳，理所当然地将"钱伟长的治学理念和教育思想"作为她的博士学位论文选题。冯秀芳的硕士论文选题属计算流体力学方向，过去她对力学史与方法论知之甚少，但她勇敢地接受了挑战，一方面补修了"弹性力学""应用数学"和"高等流体力学"等课程，另一方面进行了广泛调研：博览群书，投师访友，读遍了钱先生的所有著述和大量相关著作，走访了清华大学、北京大学、北京图书馆、上海大学文学院、钱伟长故居等处，掌握了一大批第一手资料。在此基础上，经过近两年的苦心孤诣的分析、思索和写作，终于完成了质量较高的博士学位论文，并获得了著名的力学家何友声、武际可、王振东、刘延柱、嵇醒等教授的一致好评。何友声院士指出："该论文首次比较全面地介绍和论述了钱伟长的治学理念与教育思想，其中涵括了钱的生平、主要学术成就、治学理念、教育思想及其溯源；对钱伟长的主要学术成就特别在薄板薄壳统一的内禀理论、圆薄板大挠度的奇异摄动解法和广义变分原理方面的学术成就做了较为全面的分析和评价；对钱伟长的治学理念、教育思想及其实践做了有益探讨，并首次就其溯源做了初步分析。"王振东教授说："此文是中国第一篇力学史方面的博士论文，钱伟长先生是我国近代力学的奠基人之一，专题研究钱伟长先生

的贡献,对中国力学史的研究无疑具有重要的意义。"

本书就是冯秀芳博士将她的博士论文细致改写而成的。令人欣喜的是:冯秀芳获得博士学位后的第一年,所申请的国家自然科学基金的青年基金项目"我国近代力学发展史的若干问题研究"获准立项;她本人当选为中国力学学会力学史与方法论专业委员会委员,成为该委员会中最年轻的成员。

本书分为六章,分别概述钱伟长的生平、主要学术成就、办学观、人才观、教学观以及他的教育思想溯源。第二章所述的主要学术成就部分涉及较为艰深的具体学术问题,没有自然科学基础的读者可以略过不读,这样做也不至于对理解钱伟长治学理念和教育思想有很大的影响。作为对全书内容的补充,书中将本人2002年写的文章《钱伟长的治学理念和学术风格》收为附录。

我认为,钱伟长先生治学理念的精髓是:立足于社会实践,以高瞻远瞩、勇于探索的思路,根据经济、科技发展的需要来发现、提炼、归结问题,经过充分调研,以广泛扎实的知识基础和独辟蹊径的创造性劳动,建立实际问题的数学模型,用独创的或先进的方法加以巧妙处理,将所得的成果经过实践的严格检验,上升到新的理论高度加以认识或系统地发展成新的理论。而他的教育思想的精华是:以培养全面的有创新精神的爱国者为主要目标,采取以"拆四堵墙"(即学校-社会、教学-科研、专业-专业、教-学的"墙")为核心的开放战略,大力推行各项教学改革,为创建一流大学而鞠躬尽瘁。我们应该努力学习他的热爱祖国、热爱科学的高尚品格,脚踏实地、终生向学的治学态度,勇于创造、刻意求新的无畏气概,藐视困难、百折不回的奋斗精神,提携后进、传道授业的献身理念,发动群众、协力攻关的组织才干。我相信本书的读者在阅读后会产生类似的体会。

尽管作者和审订者在史料核实、内容编排、分析探索方面尽了最大的努力,但限于水平,书中仍难免有失当或偏颇之处,敬请读者不吝指正。

最后，本书的审订者和作者向上海大学出版社的领导和编辑表示诚挚的感谢，为了在较短时间内出版此书，他们付出了艰辛的劳动。同时还要感谢国家自然科学基金委员会的资助(项目批准号：10342004，10702030)。

戴世强

初稿于2007年12月

改稿于2023年8月

目 录

第一章 钱伟长生平概述 / 1
    第一节 家世和少年时代（1913—1931）/ 3
    第二节 青年求学时期（1931—1939）/ 12
    第三节 留学时期（1940—1946）/ 20
    第四节 创业时期（1946—1957）/ 24
    第五节 艰难岁月（1957—1976）/ 32
    第六节 躬逢盛世（1977—1987）/ 36
    第七节 在上海的日子（1983—2010）/ 39

第二章 钱伟长的主要学术成就概述 / 43
    第一节 薄板薄壳的内禀统一理论 / 45
    第二节 圆薄板大挠度问题的摄动解法 / 52
    第三节 圆环壳的一般解及环壳理论的应用 / 56
    第四节 广义变分原理研究 / 60
    第五节 其他方面的工作 / 64

第三章 钱伟长的办学观 / 67
    第一节 开门办学 / 69

第二节 教学与科研并重 / 72

第四章 钱伟长的人才观 / 75
   第一节 爱国主义教育的思想 / 77
   第二节 通才教育的思想 / 80
   第三节 体育教育的思想 / 85

第五章 钱伟长的教学观及其实践 / 87
   第一节 本科生的教与学 / 89
   第二节 研究生的培养 / 95
   第三节 推行"三制" / 98

第六章 钱伟长教育思想溯源 / 101
   第一节 传统文化的熏陶 / 103
   第二节 名师名校的影响 / 110

附录 钱伟长的治学理念和学术风格 戴世强 / 119

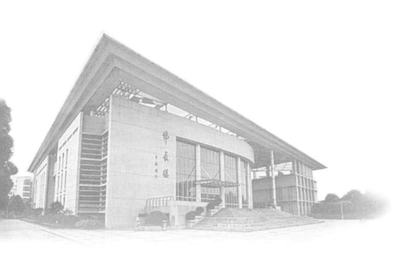

第一章　钱伟长生平概述

第一节　家世和少年时代（1913—1931）

1913年10月9日,钱伟长出生于江苏省无锡县(现无锡市锡山区)七房桥村。

钱伟长的故乡无锡,北靠长江,南临太湖,有着悠久的历史、灿烂的文化和鲜明的地域精神,自古至今涌现出不少杰出人士,有元代四大画家之一倪云林,有写出列入世界十大名曲《二泉映月》的阿炳……无锡有一条不起眼的小河叫啸傲泾,啸傲泾东行千步左右有个小村就是七房桥村。

据闻,这个村子的兴起是在明朝洪武年间。在元兵灭南宋时,钱氏家族原居嘉兴的北门外,因战乱逃难至太湖边,其中有一个十几岁的青年,父母都死于战乱,迫于生计,入赘无锡南坊前镇的陶家。在他40岁时,妻子去世了,留下了两个儿子。于是他就与陶家族长商量,以长子续陶家香火,继承陶家的产业;小儿子归宗钱氏,不带走一文家产,另辟门户;将来钱陶两家不通婚。陶氏家族恩准了他的提议,他就带着小儿子离开了南坊前镇,顺着梁溪向东来到了啸傲泾。

这里有约万亩高地,但因为水抽不上去,只能靠天吃饭,农业收成很差。父子俩就在这里安家落户,因有一手木匠本领,就以制作水车为生,或租或卖,还负责安装维修,非常受农民们的欢迎,那万亩高地有了水源收成也好了起来。就这样,子承父业,代代相传,到了明代中叶该家族不仅经营水车、打壳风车,还有酒厂、酱油厂和南货铺,成了当地首富。当时钱氏家族有七个儿子,于是他们便斥资在啸傲泾北岸离岸约15米的地方修建了七所豪华的宅院,每个宅院分给一个儿子和他的子孙住,所以每个宅院称为一房,"七房骈连,皆沿啸傲泾,东西一线,宅第皆极壮大"①。他们还在啸傲泾上架了一座桥,起名为七房桥,人们便将这一村子叫作七房桥村。

七房桥村钱氏家族的鼎盛时期是清朝的同治年间,当时在大房中形成了五世同堂的吉祥大喜,而且这五世中有两代中了举人,钱氏家族因此得了皇帝御赐的"五世同堂"的四字横匾,还为此举办了十天的庆祝活动,四乡各村都来祝贺,盛况空前。

可惜好景不长,不到一年,五世中的老祖宗和最晚辈的婴儿先后去世,战乱加速了钱氏家族的没落,到了钱伟长祖父辈时,早已沦为赤贫,唯有"书香未断"。

钱伟长的祖父钱承沛,字季臣,自幼聪慧过人,有神童之誉。16岁即以第一名考取了秀才,后虽三次参加乡试,终因体弱在场中病倒,索性绝了考取功名的念头,在七房桥村设私塾谋生。他秉性公正,热心公益,经常去知府衙门为贫困农民申诉,很受乡邻和族人的尊敬,举凡有大小事宜均与之商议。钱承沛共育有四子,他们是钱伟长的父亲钱挚(字声一)、四叔钱穆(字宾四)、六叔钱艺(字漱六)、八叔钱文(字起八)。他们在父亲钱承沛的熏陶和影响下,对中国文化和历史特别感兴趣。钱伟长的父亲钱挚有着很好的国学素养,尤其对《资治通鉴》研究有素;四叔钱穆,更是经、史、子、集样样精通,后来成为我国著名的国学大师;六叔钱艺以诗词和书法见长于乡间,登门求墨宝者不绝于途;八叔钱文擅长小品和笔记杂

---

① 钱穆:《八十忆双亲·师友杂忆》,生活·读书·新知三联书店1998年版,第7页。

文,尤其对诗歌、韵文有特别的爱好和才能。父辈们为钱伟长营造了浓厚的家庭文化氛围,这也成为他日后偏爱文史的主要原因。不幸的是由于家境贫困和身体虚弱的双重原因,钱承沛仅及中年就去世了。钱伟长的父亲仅17岁便继承了教书的衣钵,以微薄的薪资负担起了家庭的重担。

钱伟长出生后,四叔钱穆为他取名伟长。这个名字是有出处的,"建安七子"之一徐干,字伟长,颇有文才,钱穆为他取这个名字有见贤思齐的景仰之意。钱伟长出生时,家境很困难,在他的记忆里,自己"进大学前从来没有穿过一件新的衣服,穿的都是叔父们小时穿旧了并经过母亲改裁以后的旧衣,腰部都折叠着缝起来的,随着身长逐步放长,时间长了别处都褪了色,腰部就像围了一条深色腰带;布鞋布袜都要补了又补,有时补到五六层之多,穿起来很不舒服,夏天干脆赤脚"①。

钱伟长是家中长子,生活的艰辛使他过早地成熟了,孩提时代的他就已懂得为父母分忧,经常帮母亲糊火柴盒、干杂活,采摘野菜,捉鱼摸虾以添补家用或助餐。虽然生活清寒,但对钱伟长来说却有三大乐事。

一是参加晒书。钱伟长的父亲和叔父们陶醉于中国博大精深的文化和源远流长的历史,用节衣缩食省下来的钱买了四部备要和二十四史,以及欧美名著译本等。每年夏天有三天的晒书和收书活动,钱伟长总是最积极的参与者。通过这个活动,他感受到了祖国传统文化的浩瀚,除了喜爱更有崇仰。在父叔的熏陶下,他如饥似渴地博览群书,积累了大量的文史知识。

二是静观围棋。钱伟长的父叔都精于围棋,经常打擂台,有时也摆棋谱,钱伟长是最热诚的观战者,也管记分。观棋对看棋人的品格是极好的一种锻炼,古人云"观棋不语真君子"。钱伟长在观棋学棋的过程中培养了良好的心理素质,锻炼出了胜不骄败不馁的坚强性格,并慢慢懂得了围棋要想取得胜利,必须顾全大局。

---

① 钱伟长:《八十自述》,海天出版社1998年版,第1—2页。

三是欣赏家庭音乐会。每逢寒暑假,钱伟长的父叔相继回家,每天晚饭后都有一个小时的音乐活动,钱伟长的父亲擅长琵琶和笙,四叔钱穆善箫,六叔钱艺好笛,八叔钱文拉一手好二胡。每天晚饭后在太湖之滨的乡间村舍,江南丝竹悠扬悦耳,在明月的清辉映照下,时而高山流水,时而百鸟和鸣,大弦嘈嘈,小弦切切,委婉动人。家庭音乐会其乐融融,上自祖辈,下至童稚,旁及左邻右舍,都喜悦地欣赏。①

当然也有些是钱伟长不太情愿做的,那就是父亲要求他写日记,并为祖母记家账。写日记可以挑认识的字写,但记家账就没有那么容易了。油盐酱醋衣料杂物很多字他都不知怎样写,遇到不会的字就用同音字代替。四叔钱穆总是很有耐心地替他改正,并给他讲这些字的组成笔画的特点和意义。为了训练他写字,四叔钱穆还让他在一块磨光的方砖上用毛笔蘸水写字,一个字必须写十几遍才能写第二个字。在这样的训练下,钱伟长的书法长进很快。

钱伟长尽管出身贫寒,却在幼时受到了良好的家庭教育,如他所说,"融乐的家庭及长辈的楷模,启迪着像我这样的年轻人,懂得要洁身自好,刻苦自励,胸怀坦荡,积极求知,安贫正派"②。这是他日后成长为爱国敬业的大学者的基础所在。

钱伟长4岁那年,钱家宅院失火,这场火灾使钱家失去了继续在七房桥村居住下去的基本条件,只好全家迁至荡口镇,在华姓好友帮助下借房居住,租赁费用全免。

钱伟长到了上学的年龄,他随父、叔从读各小学。由于军阀混战,世事动荡,先后在荡口镇南东岳庙小学、镇北司前弄小学、后宅镇小学和荡口镇中鸿模小学就读。

1924年,钱伟长勉强修完了小学课程,到了人生的第一个十字路口,

---

① 倪平:《钱伟长谈四叔钱穆》,《文汇报》1990年11月4日。
② 钱伟长:《八十自述》,海天出版社1998年版,第4页。

对他的升学问题家中掀起了轩然大波,以祖母、母亲为首的"就业派"让他去捧邮局职工、铁路员工之类的"铁饭碗",以此养家糊口;父亲和四叔则是"升学派",力主他继续深造,学好本事,将来不受人欺负,两派僵持了好几个月。钱伟长幼小的心灵饱尝了生活的艰辛,他一面拼命帮家里干活,一面渴望着升学的机会。后来他父亲调任无锡荣家主办的荣巷工商中学教务主任,他终于踏进了这所中学的大门。他幼时对文科知识博闻强记,颇有心得,但囿于环境,数理化的基础很差,对于工商中学传授的"生意经"毫无兴趣。"知子莫如父",几个月之后,父亲把他送到国学大师唐文治先生主办的无锡国学专修馆。

无锡国学专修馆(今苏州大学前身的一部分)是一所研究学习中国传统文化学术的高等学府。馆长唐文治先生是桐城派传人,字颖侯,号蔚芝,晚号茹经,江苏太仓人。1920年,唐文治为了弘扬中国的传统文化创建了该馆,广邀各地名家延教,诸如章太炎、钱基博、吕思勉等均在此校授过课。唐文治博采众长,兼收并蓄,同时他自己对国学有很深的研究,是文学、音韵学专家,他办学、著书、授课,培养了一大批国学大师级的人物,为弘扬中华文化做出了贡献。钱伟长在该馆学习的时候,唐先生已经因眼疾双目失明,却满腹经纶,深奥的古文,一经他讲解,便令人豁然贯通。钱伟长发愤苦读,不久就成了二十几名学生中的佼佼者。在这一年多短暂的学习中,钱伟长学会了桐城派朗读的精华,进一步领略到了国学的博大精深。

1926年,钱伟长的父亲转任无锡县立初中教务主任,为了节省费用,他转入该校读一年级,翌年春,学校因政局动荡而停办,钱伟长再次辍学。

1927年北伐胜利,江苏的北伐军首先占领了宜兴,一个晚上就战胜了军阀孙传芳,占领了无锡。无锡、苏州的许多中学、师范进行改组,隔了一年半,苏州的江苏省第二中学改组为苏州中学高中部和初中部,互相独立。苏州中学是北伐后新建的一所省立中学,当时的校长汪懋祖,字典存,曾留学美国,是著名的教育家。汪氏治理苏州中学,实行学分制,提倡教师研究学术,创办苏中校刊,广延四方人才,多方礼聘著名学者来校讲学,苏州中学遂成为苏州城中一个重要的学术基地。不仅如此,苏州中学还拥有雄厚的师资,除了钱伟长的四叔钱穆任国文教师外,还有西洋史教师杨人楩(新中国成立后任北大教授)、中国史教师吕叔湘(新中国成立后历任清华大学教授、中国社会科学院语言研究所所长等)、地理教师陆侃舆(主编我国第一本全国分省地图)、生物教师吴元涤(编著了我国第一本高中生物学教科书)、英文教师沈同洽(新中国成立后任南京大学西语系主任)、音乐教师杨荫浏(新中国成立后任中央音乐学院教授并任音乐研究所所长)、数学教师严晓帆(后任徐州中学校长)。

1928年,只读了一年正规初中的钱伟长在父亲和四叔的鼓励下试着投考苏州中学的高中部。苏州中学名师荟萃,学生优秀,竞争入学者众多。钱伟长时断时续地勉强上了几年学,虽然由于家学渊源国学根底不错,但数理基础十分薄弱。年轻气盛的钱伟长则跃跃欲试,毅然应考。发榜时他以榜上最后一名被录取。父亲笑着说:"你这次可成了孙山,同为榜上末名,但是孙山毕竟是才子。后来可以居上嘛!"这时正是四一二反革命政变不久,父亲因校中有8名进步教师惨遭杀害,忧愤成疾,但仍在连绵小雨中把儿子送到苏州,并且语重心长地对钱伟长说:"家里不论怎么困难,也要供你上完高中,你在名师指点下把功课学好了,我的心血也算没有虚掷……古往今来,苏州、无锡一带出过不少文人名士。人说这里人杰地灵,这不过是欺人之谈。其实哪一个人的成功不是辛苦攻读的结果呢?"这些话深深地铭刻在15岁的钱伟长的心中。不幸,他入学没有多久,就传来父亲病逝的噩耗,这使他陷入极度悲痛之中,想不到父亲临别时的教导竟成了遗言,留下寡母弱妹,家庭生活更加艰难,只有加倍努力、奋进!

苏州中学的确名不虚传,这里不仅群英荟萃、名流云集,而且环境优越、思想活跃。尽管当时弥漫着白色恐怖,许多师生还是坚信,只有民主和科学才能救中国。进入了新天地的钱伟长不断探索着正确的人生道路。物质上,他是贫穷的,靠着叔父有限的资助,只能求温饱而已,他摒弃了一切奢侈享受；精神上，他却是富有的，享受着追求知识的乐趣，心中萌动着用知识来拯救中华的信念……

对于文科学习，他轻松自如，四叔钱穆亲授文学课，从《诗经》讲到《史记》，从六朝文赋、唐诗宋词讲到元代杂曲、桐城散文，他听得津津有味；在杨人楩的西洋史课上，法国大革命的故事使他心醉神驰；吕叔湘的中国史课富有极强的魅力，也使他了解到祖国近百年来所受的屈辱；陆开舆的地理课更使这个来自江南小村的少年眼界大开，第一次了解祖国版图上的不同区域，知道了五口通商的意义……学习这些课程的时候钱伟长把他学习国文的死记硬背的方法都应用在上面，还真是得心应手。

然而，他也有烦闷和苦恼。说来奇怪，后来成为有名的应用数学家、力学家并且精通多种外语的钱伟长，那时在数理化和外语课程的表现却不如文史方面突出。但钱伟长有一种不服输、不畏缩的拼劲和韧劲，他下定决心急起直追。就是从那时起，他的日程表里没有了星期日和节假日，他把一切精力都用在了学习上，在他的努力下，他的数理化有了较大的起色，还在苏州中学的校刊上发表了题为《二种特殊滑车的机利》的文章。苏州被誉为"人间天堂"，这里园林如画，有很多名闻中外的胜地，如虎丘、寒山寺、狮子林等。北宋诗人苏轼都曾感叹，到苏州不游虎丘乃憾事也！钱伟长在苏州中学的三年，似痴如狂地学习，就连同学们的游戏、运动和其他课外活动都不参加，更别说去游览那些名胜山水了。

非常幸运的是，钱伟长在苏州中学遇上了一位循循善诱的良师——数学老师严晓帆。进高中的第一年，发生了一件令他毕生难忘的事。一天严先生在黑板上出了一道数学难题，让学生上去演算，教室里一片沉寂，无人应答。钱伟长试算良久，自告奋勇地说愿意试试看。在老师赞许的目光下，他上了台，但演算了10多分钟也未解出，最终败下阵来，教室里响起了一片非议声，他不甘心地向老师请求这道题留给他课外做。严先生同意了。晚自习时，他冥思苦想了几个小时，直到自修室熄灯仍然不得要领，这时，严老师把他带到了教师宿舍，不仅启发他战胜这道难题，鼓励了他勇于探索、锲而不舍的精神,而且严肃地指出了他学习时粗心草率、不够稳健的缺点,告诉了他学习数理化的正确方法。从此,严晓帆老师经常给予钱伟长额外的辅导,并告诉他学习数理化的正确方法,允许钱伟长到他的办公室一起在灯下夜读,正是严先生扶持着这位未来的科学家迈出了艰难的第一步。

那时的钱伟长仍偏爱文科,同时也对自然科学逐步产生了兴趣。有一次,他突发奇想:如果把文学历史知识和自然科学结合起来不是很好吗?经过无数个日夜细心查证、积累、分析、整理,他完成了自己的第一篇科学论文《春秋日蚀考》,这篇17岁少年的习作虽然写得稚嫩,却有理有据、令人折服,被老师作为范文加以展览,还获得了江苏省颁高中奖。这对于钱伟长的刻苦钻研精神无疑是一种鼓励和鞭策。

1931年,钱伟长从苏州高中毕业后,又一次走到了人生的十字路口。早在他小学毕业时就已经开始的是升学还是就业的家庭争端,这时变得更为激烈了。家庭经济日益拮据,父亲去世后钱伟长的学费都是四叔负担的,还得向钱氏义庄申领救济。这次,祖母和母亲坚持让他去铁路或邮电部门谋个稳固的职业,担起赡养家庭的重任。他并非不知道家境的艰难,但他又不甘心放弃学业,升学和就业的选择又一次困扰着他。这时已在燕京大学任教的四叔钱穆再次支持了他,鼓励他考大学,这也是钱伟长父亲的遗愿:无论家庭多么困难,都希望钱家能出一个大学生(已在大学任教的钱穆只有高中学历)。当时的大学学费可是一笔不小的数目,一位好心人又给他指明了筹集学费的途径:上海有一位清寒出身的化学家吴蕴初设立的"清寒奖学金",专门用来资助贫困的优秀学生。

吴蕴初是江苏省嘉定县(今属上海)人,父亲以教馆为业,童年时代,吴先生家境清寒、求学读书不易,因此只能半工半读,时读时辍。他曾入广方言馆学英语,因家庭困难而辍学回乡,后又考入上海兵工专门学校半工半读,毕业后经努力成为兵工厂所属胶厂厂长兼工程师。后来,他研制出味精,销路大开,并向美英法等国申请了专利,在我国化工界非常有影响。吴先生对于有志青年想读书却苦于没有钱的窘境深有感受，1931年他出资5万元设立了清寒教育基金，专门资助国立交通大学、国立浙江大学和国立清华大学三校考生中的成绩优秀者，每年设12个名额。

正为就学无门而彷徨的钱伟长决心试一试，争取得到这份奖学金。1931年6月，钱伟长只身来到上海，因当时各大学都自设考场自出考题，考试时间都不一样，所以他在一个月之中一口气连续参加了国立清华大学、国立中央大学、国立武汉大学、唐山交通大学和国立浙江大学的入学考试，还参加了"清寒奖学金"的考试。钱伟长文史方面的专长，弥补了他在理科与英语方面的不足，不久他被5所大学相继录取，也争取到了"清寒奖学金"，每年可以得到300元的资助，这下可真是喜出望外了！在录取他的5所大学中，祖母和母亲都认为去南京的国立中央大学是最好的选择，离家近，又在江南，但四叔认为国立清华大学最好。最后钱伟长听从了四叔的建议，选择了地处民风淳朴的北平的国立清华大学。

第二节 青年求学时期(1931—1939)

18岁的钱伟长考上了大学,实现了他继续读书的愿望。临去清华大学报到前,他非常希望自己能穿得体面一点,这体面无非就是能有一件长袍,但当时家里困难得根本没有钱做长袍!后来母亲就去找会裁衣服的八婶母想办法。八婶母那里正好有一件她给别人缝制好的新长袍,干脆就先让钱伟长穿了,毕竟钱伟长是钱家第一个大学生,家里每个人都竭尽所能帮助他。

1931年9月16日,钱伟长自老家来到了北平,进入清华大学。当时很多名教授都在此执教,如陈寅恪、闻一多、朱自清、俞平伯、杨树达、雷海宗等,对于喜欢文史的他,无论就读历史系还是中文系都是理想的选择。而且他的历史和国文入学考试成绩都是100分。历史系的教授对他的考卷非常满意,当时考卷有一道题目是写出二十四史的名称、卷数、作者及注疏者,很多考生都难以答好,而钱伟长从小在父叔身边受到耳濡目染,文史知识渊博,轻松地考了满分;他的语文考卷也答得非常出色。于是历史系和中文系之间酝酿着对他的"争夺战",但形势发生了急转直下的变化。

钱伟长进入清华园的第三天——1931年9月18日,日本帝国主义发动了蓄谋已久的侵略战争,一夜之间攻占了沈阳,给中国人民带来了深重灾难和巨大损失,无数房屋被毁,大量官私财物被掠劫。眼睁睁看着日本帝国主义的侵华野心日益加剧,国民党政府却叫嚣着"攘外必先安内",顽固地坚持不抵抗政策,全国上下有良知的中国人群情激奋,广大青年学生组织起来,纷纷罢课,举行集会、游行,组织"请愿团""示威团",向国民政府请愿示威,强烈要求抗日。年轻的钱伟长被举国上下的爱国情绪所感染,做出了一个重要的抉择:"我本来是立志学中文的,可是国家的危亡,民族的灾难,深深教育了我,我感到,要改变国家的落后面貌,不受别国的欺负,就必须有强大的科技,用科学来救国。于是,我毅然决定改学理科。"①

钱伟长考察了清华所设的各系科,认为最接近实际的是物理系(那时清华还没有航空系),于是决定转学物理。要知道以钱伟长当时薄弱的理科和英语功底,做出改学理科的决定是需要很大勇气和动力的。尤其是当时清华大学的理科教材都是英文的,真要改学理科,以后所要面临的困难可想而知。

当然,改学物理首先要征得四叔钱穆的同意,毕竟如果没有四叔的帮助,钱伟长可能早就辍学养家了。当钱伟长到燕京大学向四叔表达了想学物理的心愿时,想不到四叔钱穆不仅没有阻止,反而非常高兴,还夸奖他说这是科学救国的思想,比为了自己的出路上大学不知强多少②。但是,当时的清华大学物理系招生名额非常之紧,如首届物理系学生只有王淦昌、施士元、周同庆和钟间4人。之后人数虽略有增加,但到毕业时,往往也被淘汰得只剩下寥寥数人。如1932年(第8届)招生时,物理系招收新生增加到了28人,但升到二年级时,该班学生即减少到12人,升入三年级又减少到10人,"撤退"的学生大多是由于感觉物理太难学而只得转到别

---

① 袁新文:《钱伟长:爱国是我终生不渝的情怀》,载《光明日报》2001年11月14日,转引自清华校友总会,https://www.tsinghua.org.cn/info/1951/18688.htm。
② 倪平:《钱伟长谈四叔钱穆》,载《文汇报》1990年11月4日。

的系学习。这既表明当时的中学理科教育基础普遍较差,致使一般学生适应不了大学的物理学课程,也表明清华物理系一开始就把握住了重质不重量的原则[①]。

钱伟长的物理入学考试成绩不理想,当钱伟长提出想要转入物理系学习的要求时,物理系系主任吴有训教授坚决不答应。钱伟长在同学的提示下求助于理学院的院长叶企孙教授,叶企孙教授听了钱伟长的请求后同意帮他出面说服吴有训教授。在此期间历史系的系主任陈寅恪教授也在到处打听那个历史考了满分的学生为何迟迟不来报到。后来钱伟长的四叔钱穆到陈寅恪教授处说明了情况,陈寅恪教授虽然为历史系少了一个人才甚感痛心,但也对钱伟长因为爱国改学物理表示支持,史学家顾颉刚先生也出面到吴有训教授处帮钱伟长通融。在1994年纪念顾颉刚先生的百年诞辰大会上,钱伟长还记着这件事,他说:"我与顾先生的关系是很深的,今天我之所以能从事科学工作,顾先生是帮了很大的忙的。"[②]经过钱伟长的一再坚持,并在各方的关心、努力之下,吴有训教授做了有条件的让步,答应让他试读一年,一年之后如果数理化主干课程的成绩能达到70分,方可转为正式生,否则就转回文学院。

钱伟长如愿以偿进了物理系,首先按照物理系的要求选修了"普通物理""微积分"和"普通化学"三门课。但迎面而来的是物理系学习的压力和困难,外语这一关就给钱伟长带来了很大的麻烦。

当时清华大学的教师们上课都用英语,参考书也都是英语书,钱伟长英语底子很差,结果一听课就坐上了"飞机"。如果这样下去,学年结束肯定要转系了。钱伟长天生是个不服输的人,他把全部休息时间都用于啃英语,不懂就问,不断查词典,没有多久就把一本英汉词典翻烂了,英语也随之达到了可以阅读、应付答题和写报告的水平。

---

① 聂冷:《吴有训传》,中国青年出版社1998年版,第86页。
② 顾潮:《历劫终教志不灰———我的父亲顾颉刚》,华东师范大学出版社1997年版,第144页。

物理系大学一年级的普通物理都由吴有训教授讲授。刚开始听课学习,钱伟长仍然采用对付文科学习的那套办法,无论什么都死记硬背,这个办法对学习文科知识还可以,对数理化则根本行不通,致使每周20分钟的课堂测验,钱伟长一连7个星期都不及格。钱伟长心里很着急,却不知问题出在哪里。

吴有训教授一直在关注这个坚持进物理系的学生,他把钱伟长的努力、困惑全部看在眼里,耐心地告诉钱伟长掌握科学的学习方法是关键,因为"学物理不像学中文,不要追求文字的记忆硬背,而要体会其严格的概念,要学通,通就是懂了,懂了才能用,用了就自然记得了","不要上课只顾记笔记,至多写一些简单的标题和名词,重要的是仔细听讲,力求当堂听懂,课后用自己的语言择其关键简明写出,一堂课至多写出5条到10条就足够了。在写的过程中发现有不明白的,可以看有关的参考书"[1]。为了减轻钱伟长读英文讲义的困难,吴有训教授还专门给了他一本中译本的讲义。钱伟长试着按照吴有训老师的办法,摒弃上课记笔记、下课背笔记那一套,上课全神贯注地听讲,课间回忆讲课内容理出头绪,课余大量阅读参考书,逐步掌握了科学的学习方法,培养了有效的自学能力。"功夫不负有心人",在第一学期结束时,钱伟长的物理课考试终于及格了,第一学年终了时,他选修的三门课都达到了70分。要知道清华大学当时考核成绩非常严格,能达到这个成绩对钱伟长来说已经是非常不容易了。钱伟长实现了自己的诺言,顺利地转为物理系的正式生。

大三第二学期,钱伟长和同学顾汉章在叶企孙教授指点下开始从事北平大气电的测定研究,他俩自己动手制作仪器,连续9个月夜以继日,轮流值班,测定了我国第一份大气电的数据。根据这些数据他们分析了北平地区大气电密度和风向、风速、湿度以及晴阴雨的定量关系,完成了长

---

[1] 钱伟长:《怀念我的老师吴有训教授》,载《钱伟长文集(下卷)》,上海大学出版社2013年版,第861页。

达200页并且有70多幅图表的学士论文。这篇论文被推荐到中国物理学会1935年9月在青岛召开的年会上宣读。虽然之前钱伟长也曾在《清华周刊》上发表过一些小论文如《数字之排列和》《零原子序数》等,可就论文的学术水平而言,这篇学士论文应该算是他从事科学工作的开篇之作。遗憾的是,顾汉章积劳成疾,从青岛返校后不久就病故了,令人惋惜。

中央电视台《大家》栏目组在2004年7月采访92岁高龄的钱伟长,当问起他在清华大学的学习生活时,钱伟长说:"拼命,拼命学。"的确,钱伟长是个拼命的人。在大学的四年间,每天清晨,他在晨光熹微中直奔教室,夜间,他在万籁俱寂时回到宿舍。他原以为自己是起早贪黑的"冠军",但有一次他发现有位青年比他起得更早,而且天天如此,经打听,原来是数学系新来的助理员华罗庚,此后,他暗暗与华罗庚开展了一场"早起竞赛"。后来,这两位竞赛苦学的学生都在各自的领域成为享誉国际的大师,他们用艰苦的学习换来了累累硕果。正如钱伟长后来常说的:"我从来不相信有什么所谓'天才',而只是相信人的才能是用艰苦劳动培植出来的,天才出自勤奋。"[①]在清华大学的四年中,钱伟长受到了终生难忘的良好教育,到毕业时已经成为一名出类拔萃的学生。

值得一提的是,那个时期的清华大学在马约翰教授(我国近代体育事业的开拓者之一)的积极推动下,形成了学业和体育并重的优良传统。他独具慧眼,把钱伟长这个身高不达标的小个子吸收进清华越野赛跑队和多个项目的体育代表队,造就了钱伟长强健的体魄,培养了他坚忍不拔的精神。钱伟长从事体育锻炼的习惯一直坚持到四五十岁,对体育的爱好则终身未变。

1935年夏,钱伟长以优异的成绩从国立清华大学的物理系毕业,获得理学学士学位,"清寒奖学金"的资助也随之结束,他面临着"毕业就是失业"的危险。正好中央研究院南京物理所招考实习研究员,钱伟长前往应考被录

---

① 钱伟长:《钱伟长论教育》,上海大学出版社2018年版,第301页。

取,他同时还考取了清华研究院物理系的研究生。实习研究员月薪70元,而研究生每月只有24元的津贴,钱伟长考虑到自己已经大学毕业,该是为家里承担些生活负担的时候了,选择实习研究员当然更实际些。但这时的钱伟长已经在数学、物理、化学方面建立了较宽广的基础,内心非常渴望能继续在科学研究的道路上走下去,钱伟长又一次站在十字路口,艰难地进行抉择。

吴有训教授对钱伟长的才华和勤奋十分欣赏,很希望他能留在清华继续读研究生。了解到钱伟长的处境后,吴有训教授建议他去争取上海商务印书馆的总经理高梦旦先生的研究生奖学金,如果能够争取到,每年有奖学金300元,既能解决他自己的生活问题,还能稍稍补贴家里一部分。幸运女神又一次眷顾了钱伟长,他以优异成绩申请到了这笔奖学金,得以留在清华师从吴有训教授进行X射线衍射、原子光谱学等研究。

吴有训教授早年曾赴美留学追随芝加哥大学的康普顿(A. H. Compton)教授从事物理研究。康普顿教授在1922年通过X射线散射实验发现了康普顿效应,但并没有立即获得广泛的承认,因为康普顿以往所做的实验证明还不够充分。吴有训改进了康普顿的方法,用多种材料作为散射物,分别进行X射线散射实验,取得了大量确凿的实验数据,证明了康普顿效应的普遍性,驳斥了对康普顿效应的各种否定,为康普顿效应的进一步确立和公认做出了部分重要工作。他的一张以15种元素作为散射物所得的光谱曲线图在康普顿1926年的专著《X射线和电子》一书中首次公布,这张光谱图和康普顿本人在1923年最早发表的石墨散射曲线一起,一直被人们作为说明康普顿效应的经典插图,广为引用。所以在国内外一些物理教科书上,康普顿效应也被称为康普顿-吴效应。康普顿效应的发现在物理学史上具有里程碑意义,为光的波粒二象性提供了充分的证据,康普顿教授因此于1927年和威尔逊(C. T. R. Wilson)分享了当年的诺贝尔物理学奖。吴有训也被康普顿教授视为"一生中最得意的学生"。

钱伟长跟着吴有训先生进行X射线衍射、原子光谱学等研究,还在黄子卿教授指导下进行了一些有关溶液理论的物理化学研究。正当钱伟长要向新的高峰攀登时,日本帝国主义占领东北后,把侵略的魔爪伸向华北,"华北之大,已经安放不下一张平静的书桌了"。中华民族面临生死存亡的严重危机,国民党继续执行不抵抗政策,与此同时,加紧"围剿"红军,镇压人民的抗日救国运动。全国人民,特别是青年学生,悲愤不已。一二·九运动爆发,这时的钱伟长已成为清华大学学生救国会的积极分子,他对于反动政府的"不抵抗主义"感到深恶痛绝,满怀激情地投入了抗日救亡的洪流。他参加了1935年冬季北平的两次抗日救亡大游行,参加了清华大学南下自行车抗日宣传队,参加了多次的游行示威活动,还加入民族解放先锋队和海燕歌咏团等中共的外围组织……

抗日战争全面爆发后,国立北京大学、国立清华大学和私立南开大学被迫迁往长沙,组成临时大学。由于日军的进攻,长沙地处前线,国民政府决定把临时大学迁往昆明,组成国立西南联合大学。靠奖学金求学的钱伟长拿不出足够的旅费南下,只好滞留在北平。1938年春,他到天津英租界的耀华中学任物理教员,年底攒够旅费,直奔昆明,1939年元旦抵达西南联大。

同年,钱伟长在西南联大物理系完成了三篇光谱学论文,并悉心钻研弹性理论,同时全力准备7月份在昆明(上海和重庆也设有考场)举办的第七届庚款留英公费生考试。

庚款留英考试是20世纪三四十年代所有的公费留学考试中最难考取也最具吸引力的留学考试,该考试主要是选拔优秀青年使用英国"退回"的庚子赔款而留学,目的是"培养学术高深的人充实中国的高等教育及研究机构",学科分配侧重于理工农医类,资格标准非常严格,所选拔的留学生主要派往英国。庚款董事会为了保证录取人员的高质量,绝不拼凑名额,而是完全按分数录取。历届录取人数都只占报名人数的百分之几,竞争十分激烈,因此录取者往往被美称为"状元及第"。钱伟长选择报考力学专业,该专业只有一个招生名额。考试结束后由于报考力学专业的众多考生中只有钱伟长、林家翘、郭永怀三人总分(五门课)超过350分,并且总分一样,因此招生委员会破例将三人同时录取。事实也证明了当时的破例录取的决定是非常英明的,钱伟长自不必说,郭永怀后来成为著名的科学家,在力学和应用数学方面有卓越贡献,是我国力学事业和国防科研奠基人之一;林家翘后来成为著名应用数学家、力学家、美国科学院院士。此届庚款留英学生的报名人数超过了3 000人,原拟录取26名,由于1门学科无人录取,因此总数为24名。

1939年8月1日,钱伟长与从清华大学中文系毕业的孔祥瑛结为伉俪。孔祥瑛生于1915年,祖籍山东滕县(现滕州市),是孔子第七十五代孙。出身于书香门第的孔祥瑛自幼受到良好的教育。30年代她就读于天津南开女中,初中就和同学创办《嘤鸣》刊物。1933年1月因参加党的外围组织反帝大同盟,接受党的地下组织领导,参加读书会,编辑《南开女中校刊》,声援天津电车工人罢工、宣传抗日秘密活动等,被南开女中开除。8月转学到山西太谷铭贤学校,担任学生会秘书,在党的地下组织领导下,组织全校罢课。1934年,孔祥瑛考取国立清华大学文学院,并担任该校校刊《清华周刊》文艺部编辑。

在一二·九运动中,钱伟长与孔祥瑛相识,共同的爱国志向使他们走到了一起。七七事变后,他们分离了一年半,后来又在昆明的西南联大再次相遇。1939年,孔祥瑛在西南联大毕业,取得清华大学文学学士学位,钱伟长也参加完中英庚款留学生的考试,他们办了个简单的婚礼,只请了老师和同学们一席喜酒,由物理系的傅承义和化学系汪德熙为他们操办,中文系、物理系的系主任、教授和同学都参加了。主婚人是钱伟长的四叔钱穆,介绍人、证婚人分别是朱自清教授和吴有训教授。从那一天起,钱伟长和孔祥瑛相濡以沫,共同度过了60余年的日子。

第三节　留学时期(1940—1946)

新婚刚刚半个月,钱伟长就接到了中英庚款留英公费生录取通知书,要求9月1日在香港集合,从那里乘船前往英国剑桥大学。钱伟长对英国著名学者泰勒(G. I. Taylor)仰慕已久,原想投身他的名下从事力学研究,不料,因欧战全面爆发交通断绝而未能成行,留学生们只好各自回校,等待新的通知。

1940年初,钱伟长这批留学生再次接到通知,在上海集合,改赴当时英帝国的自治领——加拿大留学,又由于签证风波,这一届中英庚款留学生在第三次集合时才终于成行。在上海登船时,四叔钱穆特地从苏州赶到上海来送行,希望钱伟长努力学习,为家族争气。钱伟长告诉四叔:"我出国绝不是为了自己、为了家庭,而是为了国家,我是想学科学、走科学救国的道路!"正是"男儿立志出乡关,学不成名誓不还"!经过28天的海上航行,他们搭乘的"俄国皇后"号终于抵达了目的地加拿大温哥华。钱伟长与林家翘和郭永怀一起,又坐了3天火车到达了多伦多。

钱伟长、林家翘和郭永怀三人同时师承多伦多大学应用数学系主任辛格(J. L. Synge)教授,林家翘和郭永怀专攻流体力学,钱伟长则专攻弹性力学。1941年,钱伟长与辛格合作写成了著名论文《弹性板壳的内禀理论》①,文中成功地用张量符号建立了薄板薄壳应力内力素张量所应满足的6个静力宏观平衡方程,并把微观弹性平衡及变形协调方程写成一种合适的形式。该文一再为人们称道、引用。同年,钱伟长获得多伦多大学硕士学位,并完成了题为《薄板薄壳的内禀理论》的博士论文,于1942年顺利进行了论文答辩,获得应用数学博士学位。完成博士论文后,他又根据实际需要,从事当时的尖端课题——雷达波导的研究,完成了不少有实用价值的工作报告,存入加拿大的国防机密档案,并因此结识了冯·卡门(Theodore von Kármán)教授。1942年,经辛格教授推荐,钱伟长来到美国加利福尼亚理工学院(以下简称加州理工学院)航空系,跟随现代航空大师冯·卡门做博士后研究人员。

冯·卡门原是匈牙利籍犹太人,在其父亲的鼓励下申请了匈牙利科学院的留德奖学金,赴哥廷根大学深造,师从力学大师普朗特(L. Prandtl),研究材料力学。哥廷根大学以倡导自由、独创的学风闻名于世,在普朗特、希尔伯特(D. Hilbert)、克莱因(F. C. Klein)、龙格(C. Runge)等科学大师的熏陶下,冯·卡门奠定了雄厚坚实的科学理论基础。1930年,冯·卡门离德赴美,在加州理工学院主持航空航天研究,创立了世界闻名的喷气推进实验室(JPL)——美国最大的国家实验室,使加州理工学院成为美国航空航天局的主要基地,美国的第一枚导弹、火箭和第一颗卫星都诞生于那里,冯·卡门最终成为美国航空事业的奠基人。

1942年钱伟长来到加州理工学院航空系时,钱学森、郭永怀、林家翘正在冯·卡门手下工作或学习,他乡遇故知,风华正茂的4个年轻人经常在一起切磋砥砺,或因不同的意见争得面红耳赤,或因共同的认识开怀大笑。1946年,周培源携家眷到加州理工学院做访问学者,他们一起度过

---

① Synge J L, Chien W Z. The intrinsic theory of elastic shells and plates, *Applied Mechanics*, Theodore von Kármán Anniversary Volume, 1941, 103–120.

了许多美好的时光。周夫人王蒂澂非常好客,周先生家就成了钱学森、钱伟长、郭永怀、林家翘和其他留美青年学者如傅承义、孟昭英等周末聚餐的地方。每次大家买来蔬菜、鸡、鸭、鱼、肉等,一起动手,争相下厨。钱学森、孟昭英等都具有较高的烹饪水平,所以总是主动承担炒菜任务,而其他不会炒菜的就只能收拾饭桌和洗刷碗筷。郭永怀和周培源是洗碗的积极分子,他们每次都抢着打扫"战场",还常为此打碎碗碟,引得大家开怀大笑。星期天除在周培源家里聚餐外,有时钱学森和周培源还开车带大家到海边去野餐和游泳,或在加州理工学院的教授俱乐部共进午餐。这种周末聚餐活动持续到1947年2月周培源举家回国。

钱伟长到加州理工学院不久就加入了冯·卡门教授创办的喷气推进研究所并任研究工程师,主要从事火箭的空气动力学计算设计、火箭弹道计算研究、地球人造卫星的轨道计算研究等,还参加了火箭现场发射实验工作等,与林家翘、钱学森一道为冯·卡门所看重,成为世界火箭、宇航工程的开拓者。他们还以自己的研究,在第二次世界大战中做出了贡献。第二次世界大战德军野蛮轰炸英国,以后又以新制的V1、V2型火箭相威胁。英国首相丘吉尔向美国求援,美军方将此事交给喷气推进实验室。钱伟长和林家翘等对此加以分析,发现德军火箭是从欧洲西海岸向伦敦发射的,多数落在伦敦东区,这便证明德军火箭已采用了最大射程攻击伦敦。于是他们提出,只要在伦敦地面造成假象,好像市中心被多次击中,以蒙蔽德军仍按原射程攻击,伦敦市中心就可避免遭到实质性破坏。英国军方采用了这项建议。丘吉尔后来在他的回忆录中谈到此事,非常感激地说:"美国青年真厉害。"他不知道使伦敦市区免遭袭击的其实是"中国青年"。

1944年,冯·卡门主动提出要与钱伟长合作研究航空航天工程实践中提出的薄壁构件的约束扭转问题,希望做出系统的理论描述,澄清以往工作中的错误观点,并谈了一些初步想法。他给钱伟长3个月的时间思考、探索。钱伟长日夜奋战,仅用1个月就完成了此项工作,写出了《变扭率的扭转》一文,被冯·卡门誉为"经典式的力学论文"。后来此文由他们两人共同署名发表在《美国航空科学月刊》上。

1940年9月至1946年5月,由于钱伟长在美国和加拿大的生活条件安定、工作条件优越,这一时期成了他在科学工作上的丰收时期。在这个时期,他先后完成了约40篇学术论文和研究报告,其中包括了对弹性力学的一些重要贡献。

1945年8月15日,日本正式宣告无条件投降,中国军民经过14年艰苦卓绝的斗争,最终取得了抗日战争的胜利。好消息从太平洋彼岸传到了美国,钱伟长再也不能安心待在加州理工学院了,良好的科研条件、可观的薪水、不错的职位都阻挡不了钱伟长回国的脚步,他仿佛看到了自己日夜魂牵梦萦的祖国正期待着海外学子的归来。1946年春,钱伟长以探望久别妻子为名获准探亲,5月6日钱伟长只带了几件简单的行李,登上自洛杉矶开往上海的远洋货轮,为了避免别人的注意和怀疑,他把应领的近半年工资和最心爱的大量书籍杂志、资料卡片都原封不动地留下了。远洋货轮载着离家7年的游子,慢慢地驶向目的地。遥望远方,钱伟长的眼睛露出期待的目光,是啊,还有什么比投入母亲的怀抱更让人期待的呢?

第四节 创业时期(1946—1957)

一、艰苦创业

随着抗日战争的胜利,国立西南联合大学也完成了自己的使命,1946年5月4日,梅贻琦校长宣布西南联大结束,三校的院系随原校复员。西南联大这个特殊时期的特殊大学,在极其简陋的教学物质条件下,为祖国培养了大批优秀的人才。

钱伟长搭乘轮船回国,在海上颠簸了20余日后最终抵达上海,他匆匆赶回无锡荡口镇。此时的家乡凋敝破落,人们生活困苦,他看到母亲还健在,只有七妹陪在母亲身边了,而祖母已经于4年前去世,二妹小保在1941年病故,大妹舒秀已经远嫁武汉。

因为惦记着清华园,7月初,钱伟长带着七妹一起乘船北上来到了北平,直奔清华。昔日美丽的校园已是面目全非。因在北平沦陷期间,清华园被日军占领8年,先是驻扎军队,后改为伤兵医院,学校遭受空前洗劫。原有的设备损毁达90%以上;校舍也遭到严重破坏,尤以图书馆、体育馆损失最甚。图书馆书库成了外科手术室,阅览室做了病房,钢书架被拆卸,图书被洗劫一空。前体育馆先后被用作马厩和食物储藏室,嵌木地板全部被拆毁,健身设备荡然无存。后体育馆被充作厨房,地板也全部被毁。

抗战胜利初,清华当局即派陈福田赴北平与当时留北平的校产保管委员会委员张子高教授,会同教育部特派员到清华园接收。1945年11月,梅贻琦校长又率领教授陈岱孙等人到北平查看清华园,并于12月初成立由陈岱孙教授主持的接收委员会,处理接收和复员工作。但是,接收清华园的工作又遭到了国民党军队的阻挠,1946年1月清华园被国民党军队"劫收",将其作为第三十八兵站医院,使清华园再一次遭到浩劫。家具被盗卖,大礼堂帷幕被撕毁,暖气设备拆毁殆尽,水管全部冻裂,地下室锅炉房积水深达七八尺。直到7月中旬学校才从国民党军队手中接收回来[①]。

尽管满目疮痍,但毕竟胜利了。

钱伟长和清华的几百名师生一起投身复校工作。虽然教育部所拨的复员修建费远远不够各项工程和家具设备的修理,但在陈岱孙教授的带领下,清华师生齐心协力,10月10日,清华大学举行了复校开学典礼,11月5日,复员后第一天上课。新的学年开始,钱伟长被聘为机械工程学系的教授。他怀着满腔热情投身于繁忙的教学工作,为整个工学院约500名二年级学生讲授"应用力学"和"材料力学",为四年级的同学开了选修课"高等材料力学"。他还在北京大学工学院和燕京大学工学院兼课,讲授"应用力学"和"材料力学",另外还开设了"理论力学""振动理论""弹性力学基础""传热学""轴的回转"等高年级的课程,每周授课平均超过15课时。此时,钱伟长见到了从成都赶来相聚的妻子孔祥瑛和从未见过面的儿子元凯,元凯已经6岁。

在此期间,钱伟长除了授课外还加入中国科学工作者协会,并担任秘书长;加入中国机械工程师学会,任常务理事;担任《中国物理学报》编委、清华大学《理科报告》(学报)编委、清华大学《工程学报》主编以及《新建设》的编辑。

---

① 清华大学校史编写组编著:《清华大学校史稿》,中华书局1981年版,第431页。

清贫的生活、繁重的教学和社会工作都没能影响钱伟长从事科学研究的热情,他依然争分夺秒地从事科学研究,并不断地取得了创造性的成果。在流体力学方面,他为弹头附近的超声速锥型流计算提出了一种新颖的渐近方法,建立了流动润滑问题的变分原理,探讨了有导板的翼轮的流动问题;在固体力学方面,他开始研究圆薄板大挠度弯曲问题。这个问题在工程中有重大实用意义,对小挠度问题,已有不少人做过研究,但对常见的大挠度问题,因为遇到数学上的棘手的非线性困难,常使人们束手无策。钱伟长拿出了他的"撒手锏"——摄动法,也就是小参数展开法,用问题中出现的小参数把解答展开成渐近级数形式。1947年,他发表了《均匀载荷下固定圆薄板大挠度变形》一文,提出了以中心挠度为小参数的摄动法,获得了很好的反响。1948年,他发表了著名论文《均布载荷下固定圆薄板在特大挠度下的渐近特性》,采用了一种全新的渐近方法,后来这种方法在奇异摄动理论中被称为合成展开法,成为合成展开法的"开山鼻祖"。钱伟长凭着他敏锐的物理直觉,发现圆薄板的内部和边界上应当用不同尺度的坐标来描述,就针对两种不同的坐标进行渐近展开,获得了与实验一致的计算结果,他将这一成果发表在清华大学《理科报告》(学报)上。

中华人民共和国成立之初,经济建设与国防建设开始起步。新的大工厂、大建筑、现代化产品、火箭、卫星和原子弹的设计与研制均提出迫切的力学研究的理论与应用课题,急需大批的力学人才。1951年,钱伟长在中国科学院数学研究所创立了力学研究室,这是我国的第一个专门从事力学研究的学术机构。这个研究室不久引进了一批像胡海昌、林鸿荪、庄逢甘、郑哲敏、蔡树棠等这样年轻有为的人才,在钱伟长教授的领导下,他们思维活跃、创造力强。1956年,钱学森与钱伟长、郭永怀合作,在上述力学研究室的基础上成立了中国科学院力学研究所,钱学森任第一任所长,钱伟长、郭永怀任副所长。1957年,为推动国家12年科学技术远景规划的实施,钱伟长与钱学森、郭永怀、张维等共同筹办了清华力学研究班,持续办了3届,每届100余人。历史证明,办力学研究班具有预见性和战略眼光,为我国力学事业的发展奠定了坚实的基础,对力学学科的发展产生了深远的影响。

这一时期是钱伟长学术上的第二个丰收时期。钱伟长先后研究圆薄板大挠度弯曲问题的渐近解(摄动解和奇异摄动解)、流动润滑理论、超音速回转体绕流、构件的压延加工、连续梁特性、扭转问题、扁壳跳跃问题和方板大挠度问题,这些问题大多属于非线性力学的前沿领域。他开展的有关球底扁球壳的跳跃问题的研究,对壳体结构的稳定性和工程控制元件的制造有很大的实用价值,他创造性地从位能原理出发,提出了比前人更为普遍有效的计算方法;同时,又把圆薄板大挠度的工作拓展到矩形薄板的研究,得出了崭新的结果,铁木辛哥(Тимошенко)的经典著作《板壳理论》中引述了这一成果。1956年,钱伟长代表中国力学界去布鲁塞尔出席第九届国际理论和应用力学大会,在会上宣读了他与他的学生合写的论文,受到广泛重视。会后,他应邀到波兰科学院讲学。苏联力学家穆什达里(Х. М. Муштари)和波兰科学家诺瓦茨基(W. Nowacki)等先后慕名前来北京,与钱伟长共同讨论问题。此外钱伟长还出版了《弹性柱体的扭转理论》(与叶开沅、林鸿荪、胡海昌合著,美国《应用数学评论》杂志立即以较大的篇幅对此书进行评论,做出了相当高的评价)、《弹性力学》(和叶开沅合著,多年来被许多高校用作教科书或主要参考书)、《圆薄板大挠度问题》(1956年获国家自然科学奖二等奖,1957年该专著被译成俄文在苏联出版,获得了国际声誉)和《我国历史上的科学发明》等著作。

二、欢呼解放

抗战胜利后,国民党政府发动全面内战,妄图实行独裁统治,致使通货膨胀异常严重,国内的经济几乎到了崩溃的边缘,流通的法币时时刻刻都在贬值,钱伟长当时的月薪是14万法币,还不够买两个热水瓶。虽然自1947年夏天开始,有一部分工资以小米抵现款,全家勉强保证了主食,但长女开来的出生增加了生活的开支,无奈之下钱伟长只好向单身的同事、老同学如彭桓武、黄敦、何水清等人借贷度日,堂堂大学教授居然难以维持一家的温饱,正所谓"教授教授,越教越瘦"。

1947年,钱学森回国省亲,并在浙江大学、上海交通大学和清华大学做了工程和工程科学的演讲,引起轰动。钱学森目睹了民众的疾苦,他告诉钱伟长美国加州理工学院喷气推进实验室仍希望他能到那里工作,待遇优越,这对生活捉襟见肘的钱伟长不啻为一个解决经济困境的好消息。于是钱伟长到美国领事馆申办手续,但在填写申请表的时候,看到最后一行印有"若中美交战时,你是否忠于美国?"的字样时,他毫不犹豫地在该栏填写了大大的"No",美国之行当然也因此泡汤,钱伟长继续过着入不敷出的困苦生活,然而他对自己的选择却无丝毫的悔意。正如他在2005年接受中央电视台《大家》栏目组的采访时说的一句话:"我是爱国的。"这是钱伟长无论身处何种逆境都从未放弃过的信念,指导了他一生中的每一次重大选择,每一次都是以国家为重,因此成就了他不平凡的一生。

由于国民党政府的腐败统治,四大家族官僚资本巧取豪夺,"五子登科"的官员们作威作福,招致民众的强烈不满,尤其青年学生这个勇敢追求进步的群体始终站在最前列,旗帜鲜明地反对国民党政府的腐败统治,因此这一时期的政治运动非常频繁。

1946年12月24日晚,驻华美军造成了震惊全国的"沈崇事件",全国激愤。清华大学一千余人和北平其他高校的学生一起罢课,近万人举行游行示威,抗议美军的暴行。

1947年,蒋介石为打内战严重削减教育经费,学生的伙食水平不断下降。当时上海国立大专学校公费生每天的菜金只够买两根半油条。清华大学学生自治会主办的《清华周刊》愤怒地喊出:"内战声高,公费日少。今日丝糕,明日啃草!"① 饥饿使同学们再也无法安心读书,同学们一致认

---

① 叶舟编写:《国民党统治区的民主运动》,新华出版社1990年版,第23页。

为,要想免于饥饿必须根本反对内战,因此一场反饥饿、反内战、反迫害的大规模学生运动轰轰烈烈地开展起来。钱伟长自学生时代起就经常积极参加学生运动,现在更是以高度的热情支持学生的运动。黄敦在《金色的往事》中回忆道:

> 钱先生在1949年之前蒋介石政府白色恐怖时期,大胆支持学生运动,使我由衷钦佩。记得有一次,我和清华大学上千名学生在清华园内西大操场集合步行进城游行,我们的口号是"争民主、争自由、反饥饿、反内战"。游行队伍出发行至操场南面小河桥上时,我们看见面带笑容的钱先生和周培源先生在道路旁边公开为我们送行,以此明确表示了支持学生民主运动的态度,这对学生们的鼓舞是巨大的……①

正当反饥饿、反内战、反迫害运动浪潮高涨的时候,又爆发了一场声势浩大的反对美国扶植日本侵略势力复活的爱国运动。美国在二战后打算以日本作为它在远东的反苏反共反人民的基地,采取扶植日本的政策。它不顾世界人民的反对,公开庇护日本军国主义势力,国民党反动政府卑躬屈膝完全听命于美国的对日政策,美国还竟然任命侵华日军总司令冈村宁次为顾问,用日本战犯开发广东及海南岛,这严重伤害了中国人民的民族自尊,激起了广大人民群众的强烈义愤,反对美帝扶日的火焰很快遍及全国,学生们纷纷举行示威,美国驻华大使司徒雷登还恐吓中国人民,说抗议运动"倘仍继续进行,可能招致不幸之结果"。美国亦声称中国人民受美国救济,"受惠"于美国,因此无权反对美国的政策。凡具有民族自尊心的中国人无不奋起抵制美国的扶日政策,为此许多人拒绝接受美国

---

① 黄敦:《金色的往事》,载方明伦主编:《钱伟长教授九十华诞纪念文集》,上海大学出版社2003年版,第162—163页。

的"救援物资"。

在清华大学,钱伟长与吴晗教授、张奚若教授等都是著名的德才兼备的民主教授,他们联合110名教职员工发表声明:

> 为反对美国政府的扶日政策,为抗议上海美国总领事卡宝德和美国驻华大使司徒雷登对中国人民的诬蔑和侮辱,为表示中国人民的尊严和气节,我们断然拒绝美国具有收买灵魂性质的一切施舍物资,无论是购买的或给与的。……拒绝购买美援平价面粉,一致退还配购证,特此声明。①

轰轰烈烈的反美扶日运动团结了广大人民,加速了新中国的诞生。1948年12月,中国人民解放军逼近北平,钱伟长满怀喜悦,迎接黎明。他的岳父老同盟会会员孔繁霨受华东军区委托,北上参加动员傅作义起义的工作,他给予积极支持;在党的地下组织的领导下,积极参加护校斗争,与陈岱孙、周培源、屠守锷、樊恭烋、吴徵镒、袁方等同志一起参加了护校委员会的工作,每天值夜守卫、巡逻,动员师生保卫学校。

12月13日上午,炮声隆隆,解放军绕过清华园北墙根,追击向北平城溃退的国民党败兵,流弹落进了清华园,一时人心惶惶,党的地下组织为了稳定人心,特地让钱伟长上了一个上午的材料力学课,他改变原计划,改授"射击弹道的计算"。据当时在场的张敦恕同志回忆,枪炮声由疏而密,由远而近,不时有子弹从空中嗖嗖飞过,钱伟长真正做到了临危不惧,在重炮轰击下镇定自若,精神振奋地讲授课程,师生们为之感动。

12月23日,北平和平解放前夕,钱伟长按捺不住内心的激动,邀约了航空系青年教师董寿莘,跨上自行车,循着战斗过的痕迹去寻找解放军。

---

① 清华大学校史研究室编:《清华大学史料选编(第四卷):解放战争时期的清华大学(1946—1948)》,清华大学出版社1994年版,第587页。

到了西山地区，扑了一个空，又穿过硝烟未散的战场，于下午4时折到石景山，遇到了原清华机械系教授孟庆基，孟教授送他们到解放军进城工作组驻地良乡，先后见到了荣高棠、钱俊瑞同志和叶剑英、陶铸同志。钱伟长激动地向他们汇报了清华园和北平城的情况；他们则关切地询问了清华园中的困难，当了解到校内缺粮时，立即指示调拨部分军粮给清华，并要求钱伟长他们把清华的工作做好。他们的谈话持续到深夜。翌日，当钱伟长他们风尘仆仆地回到校园时，已是晚上8点了。钱伟长推开家门，听到阵阵婴儿啼哭声，原来他的小女儿降生了。孩子的母亲让他给婴儿起名字，钱伟长听着校园里歌唱解放的歌声、鼓乐声，为自己的女儿起名"歌放"，意为歌颂解放。1949年初，北平解放了，钱伟长开心地忙碌着，参加欢迎解放军入驻北平，出席开国大典，参与京郊的土改工作，接着又随中国人民抗美援朝慰问团赴东北慰问志愿军伤病员，响应党的"向科学进军"的号召参加全国科学规划，随技术考察团到苏联、东欧考察……无数分内分外的工作等待着他去做，他的生命历程揭开了新的一页。

第五节　艰难岁月（1957—1976）

1952年，清华大学经过全国高等学校院系调整后，明确提出以深入教育改革，破除英美资产阶级的旧教育传统，逐步地把自己改造成为社会主义新型工业大学为办学目标，那时新生一踏进清华园，迎面就是"清华大学——工程师的摇篮"的巨大横幅。

钱伟长1952年被任命为清华大学的教务长，1956年又被任命为清华大学副校长，同时兼教务长和力学教授。作为教育工作者，他对教育体制、教学方法及教材内容等有着自己的认识和理解。他主张教学必须和科研相结合，教师除了必须结合生产实践外，还必须通过科研工作才能不断扩大知识领域，掌握新知识，加深对这些知识的理解，才能教好学生，在教学中不只是"传授知识"，而且要指导学生了解这门学科所存在的问题和发展的方向。他主张大学教育以打好基础、培养学生的自学能力为主，工科学生要有理科基础；大学专业不应分得过细，不能设想许多知识都要在学校里由教师一一讲过，因为学生毕业后在实际工作中遇到的问题是复杂多样的。科技还在日新月异地发展更新着，学生需要具有自己分析问题和解决问题的能力。他认为工程师必然是在长期建设工作的实践中锻炼成长的,不可能在大学的"摇篮"中培育出来[1]。这些主张,不合乎当时的社会潮流,因此在清华大学里引发了一场历时3个月之久的大辩论。钱伟长为回答各方责难,于1957年1月31日在《人民日报》上发表了《高等工业学校的培养目标问题》一文,进一步强调加强对学生基础的训练、独立工作能力的培养才能解决高等工业学校教学问题中的矛盾。

钱伟长深知"科学研究是科学家的真正生命。放弃了科研,科学家的生命也就停止了"[2],因此,即便在极其困难的环境下,他依然通过种种渠道,将自己科学工作的成果奉献给人民:曾代叶渚沛教授(冶金学家,曾任冶金部副部长,叶老不谙中文)起草了加速推广转炉的建议书,并开展了高炉加压顶盖的机构设计和强度计算,为叶老在首钢试验做了理论准备;曾蒙李四光部长的恳切要求,研究了测量地应力的初步设想措施,并推荐他的研究生潘立宙从事这一研究,由李四光同志协助把潘立宙同志调入他创建的地质力学研究所,开创了我国地应力测量的重要事业;为国防部门建设防爆结构、穿甲试验、潜艇龙骨计算提供咨询;为人民大会堂眺台边缘工字梁的稳定提出了以栏杆框架承担其增强作用的方案;为北京工人体育馆屋顶采用网格结构的设想,提出了计算方法;为北京火车站的球形方底屋顶的边框强度设计提供了计算方法;为架线工提出的关于山区电缆的下垂问题以及风载荷下电缆的长波跃动和互相干扰问题提供咨询;为架子工铆工研制的拉力扳手提供了设计资料;针对从民主德国引进的4种机床和说明书内容不符的问题改写了操作维护指示书,使问题得到了妥善解决;关于试炮场、防护体结构、贮油罐顶盖结构计算、电厂冷却塔设计计算、波纹管和膨胀节的设计计算、拉晶机设计计算等,都曾提供过咨询服务;为电缆厂提供了他从未发表的电缆强度计算方法及其公式,后来这些公式出现在电工

---

[1] 钱伟长:《八十自述》,海天出版社1998年版,第46页。
[2] 林文力主编:《钱伟长的故事》,内蒙古文化出版社2012年版,第119页。

手册上,但并未提及作者及来源[①]。

1960—1966年是钱伟长教授讲课的一个高潮期,也是钱伟长教学生涯中教材写得最多的几年。这期间他共讲过12门教学计划以外的新课:"晶体弹性""力学颤振理论""空气弹性力学""工程流体力学""应用数学""微分方程的理论和解法"以及"弹塑性力学基础"等,总计写了约600万字的教材,还多次为动力系毕业班开设"汽轮机的强度设计理论基础"、为电机系毕业班开设"电机强度设计理论基础"、为机械系开设"应用弹塑性力学"等课程。其中《电机设计强度计算的理论基础》和《应用数学》分别于1992年、1993年由安徽科学技术出版社出版,《微分方程的理论及其解法》于1992年由国防工业出版社出版。

在"文革"期间,钱伟长仍以无比坚强的毅力进行科研工作。他用一些简单函数求得了一些著名而又重要的三角级数的和,编成了包含近万条公式的《三角级数之和》。

1968年,钱伟长被下放到北京特殊钢厂炼钢车间劳动,当三班倒的炉前工,他和工人师傅一起从事技术革新工作,共同为特钢设计了800吨油压机车间和2 000平方米的热处理车间。在钱伟长1994年访问该厂时这两个车间仍在使用。

1971年,已回到清华的钱伟长建议研制实用的高能电池,经批准,被指定与宋景瀛教授及化学系两位中年教师组成研究组。在全组同志共同努力下,设计出了一种效率比普通电池高7—8倍的新型电池,以该电池为动力的电瓶自行车和座车均实验成功。科学出版社出版了主要由钱伟长翻译的资料汇集《锌空气(氧)电池进展》,该高能电池的研制工作获得了北京市1975年科技进步奖。

党没有忘记正在逆境中的科学家。1972年10—12月,经周总理推荐,钱伟长参加了中国科学家代表团,访问了英国、瑞典、加拿大和美国,他

[①] 钱伟长:《八十自述》,海天出版社1998年版,第49—50页。

会故友、结新友,访问了母校多伦多大学,该校还为他举办了纪念授予他博士学位30周年的活动。不料回国之后不久他又受到批判,此后的三四年中,他到处打杂,时而受托研究坦克装甲,时而在外语教研组编辑英汉技术辞典。与此同时,他还不断学习新知识,始终紧跟世界科学发展的步伐,为日后更多的创造性工作奠定了基础。

第六节　躬逢盛世（1977—1987）

"文革"结束后，钱伟长重新获得了工作的权利，如他所述："欣逢1978年党中央号召'实现四个现代化'并召开全国科学大会，春风拂人，奋起之情，油然而生，虽已年近七旬，还能为四化服务效力，感到无限幸福。"[①]他力图夺回已经逝去的美好岁月，夜以继日地工作。

这期间钱伟长日夜奋斗在科研战线，在中外杂志上发表了约100篇科学论文，形成了他学术上的第三个丰收时期。

在变分法和有限元方面，他就广义变分原理做了大量工作，把拉格朗日乘子法顺利地应用于弹性大位移问题，成功地得到了大位移问题的完全无条件的广义变分原理；接着，又提出了高阶拉格朗日乘子法，导出了更广泛的广义变分原理。他还把广义变分原理推广到塑性理论、耦合的热弹性理论、电磁学、黏性流体力学等方面，得到了一系列崭新的成果。他把广义变分原理与有限元方法结合起来，导出了一种非协调元。此后他又给出了一种具有对角线化一致质量矩阵的有限元，给动力学计算带

---

① 钱伟长：《八十自述》，海天出版社1998年版，第69页。

来了很大的方便。这些工作在国内外同行中引起了广泛的关注。

在环壳理论方面,他在以前工作的基础上,又细致分析了环壳方程级数解的收敛性问题、轴对称细环壳的精确解和一致解,并结合仪器仪表生产,用环壳理论对环管形热膨胀器、均布内压细环管、波登管和各种载荷下的波纹管做了详细研究,理论结果与试验高度符合,并给出了实用的设计公式。这方面的工作在国际上取得了领先地位。

在板壳大挠度理论方面,他提出了摄动有限元的思想,力图把解析方法与数值方法结合起来,并收到实效;受他的启发,其学生叶开沅发展了他的方法,进一步提出了修正迭代法和解析-电算法,取得了更为圆满的结果,并应用到板壳的非线性稳定性问题中。在柔韧板壳大挠度研究领域中,以钱伟长为首的学派取得的成果在国际上达到了一流的水平。

自1977年8月起,钱伟长又重新站在讲坛上。他为北京高校教师和研究生以及各部委研究所、设计科研人员讲授变分法和有限元,还应邀为昆明工学院、华中工学院、绵阳29基地、无锡702所及重庆应用数学力学编辑部开设讲座,有力地推动了我国普及变分法和有限元知识的工作;1978年,他在兰州大学第一次主持理性力学研讨会,会后开设了"张量分析"讲座;1979年,他在上海主持了全国奇异摄动理论研讨会,会后出版了由他主编的文集《奇异摄动理论及其在力学中的应用》(科学出版社,1981);1981年他翻译的《张量分析》一书出版;1981年9月在清华大学开设"奇异摄动理论"讲座,系统讲授奇异摄动理论的基本原理和他自己的研究成果;1981年在华中工学院开设"穿甲力学"讲座,后来为该讲座编写的讲义《穿甲力学》由国防工业出版社出版(1984),并获得国家优秀图书奖(1988);1984年在北京民盟中央主办的多学科讲座上主讲了"广义变分原理",1985年上海知识出版社出版了他的讲义《广义变分原理》;1987年为上海工业大学主办的微波研究班讲授"格林函数和变分法在电磁场和电磁波计算中的应用",上海科学技术出版社1989年出版了他的讲义……他不遗余力地奔波,到处留下了他忙碌的身影和铿锵有力的声音。

钱伟长还以其深厚的国学功底为中文信息处理做出了重要贡献。他认为汉字在和平统一方面有着独特的作用,古典汉字如果插上科技翅膀就是为先进文化做贡献,因此他一心推动支持汉字信息的研究工作,不仅大力推动中文信息学会的成立,还连任两届学会理事长。1984年,他提出汉字宏观字形编码,简称"钱码"。1986年,在国家标准局组织的全国第一届汉字输入方案评测会上,在34种方案中,钱码被评为A类方案,单人输入速度第一,并在同一年获得上海市科技进步奖一等奖。

第七节　在上海的日子(1983—2010)

1982年12月23日,钱伟长接到教育部的通知,受中央组织部调遣任上海工业大学校长。接受了中央任命的钱伟长在1983年1月13日辞去了任职达38年的清华大学教授职务。1月15日,他带着一箱书稿,只身来到上海工业大学履新。舞台变了,角色变了,唯一不变的是他全心全意为教育和科学事业奋斗不息的信念。此时钱伟长年近70岁。

钱伟长在教育战线工作了大半生,对教学、科研有着自己独到的见解和实践经验,因此"首先考虑到上海工业大学在党的教育方针指导下,直接为改革开放中的上海市的经济建设服务,怎样开拓办学路子,怎样进一步加强教育和生产的联系,怎样消除学校和社会的隔阂,怎样提高基础理论水平,怎样提高实践的能力,怎样提高学生德智体美的全面素质,怎样提高每一位教师的业务水平和教学水平,使学生的素质有更快的提高"[①]。他上任后不久,毅然推行了一系列的教学改革。首先提出"拆掉四堵墙",一是拆掉学校与社会之间的墙,以适应经济建设和科学技术高速发展变

---

① 钱伟长:《八十自述》,海天出版社1998年版,第97页。

化的需要,从而密切联系社会和工厂企业并为之服务;二是拆掉教学与科研之间的墙,积极倡导教师进行科研,以提高其教学水平,激发学生不断创新开拓的进取性和创新追求的积极性,因为没有创新的教师就不可能培养出创新的人才;三是拆掉院系专业之间的墙,努力打通学科之间的人为界限,拓宽专业,立足培养复合型人才以适应现代科学技术综合发展的趋势;四是拆掉教与学之间的墙,强调在教和学这一对矛盾里,学是主要的方面。提倡教学相长,教师应该通过循循善诱引导促成学生的自学,使之成为具有创新精神、实践能力、自学能力,在今后的工作生活中能解决问题的人。

此外,为了给学生提供更多的学习自由度、更大的学习自主权,活跃学校的学术氛围,为培养无师自通的学生创造良好的大环境,钱伟长借鉴西方发达国家的经验,结合我国高等教育的实际情况,创造性地推出"三制",即"学分制、选课制、短学期制"。他认为"没有竞争的体制是一种死的体制……没有竞争机制就很难提高教学质量。学分制的一大特点就是有竞争"[1],而"这种竞争非常好,有利于调动学生的学习积极性,有利于提高教学质量"[2],并且"学分制的好处可以因材施教,好的学生可以多学一些","因材施教是我们国家历来提倡的,可是过去的制度没办法实行,都是一个样的要求,这是学分制的优点"[3]。与学分制相应的,钱伟长在学校中推行选课制,学生可以根据自己的特点建立自己的知识结构,自主选择专业、课程、任课教师,确定提前毕业或推迟毕业。在教学资源方面,学校为优秀学生优先配置,同时在资源允许的前提下适当照顾后进学生,这样就把学习的主动权完全交到了学生的手里。为了加快培养节奏,增强学生的学习时间紧迫感,强化实践环节,钱伟长把每一学年划分为3个12周的理论教学学期和1个5周的教学实践学期,称为"短学期制",这在全国

---

[1] 钱伟长:《教育和教学问题的思考》,上海大学出版社2003年版,第201页。
[2] 钱伟长:《教育和教学问题的思考》,上海大学出版社2003年版,第202页。
[3] 钱伟长:《谈人才培养》,载《钱伟长文集(下卷)》,上海大学出版社2013年版,第1155页。

堪称创举,这样使教师有了更充分的备课和科研的时间,也使学生有了充足的时间进行自学、社会调查及到工厂企业实践。

钱伟长还非常重视科学教育与人文教育相融合的思想。他认为科学和人文是人类文明的一双翅膀,缺一不可,因此大学教育首先要把学生培养成一个全面的人,一个爱国主义者,一个辩证唯物主义者,一个具有文化艺术修养、道德品质高尚的人,其次才是一个拥有学科专业知识的未来的工程师、专门家。因此钱伟长不但通过各种机会与学生、学生干部、教师、研究生见面、谈话,给他们做报告,教育学生要热爱祖国,做有志气的中国人,担负起建设祖国的重任,而且提倡在校内创造理工科大学生学习文史知识的条件与气氛,鼓励和支持学生成立各种文化艺术社团,聘请著名艺术家和评论家来校开设音乐、绘画、雕刻等课程,采取文理交互开课的形式鼓励学生跨学科选修,甚至在学生的宿舍安排上也尽可能让理工科学生和文科的学生一起住,收到了很好的效果。

1994年5月,为适应中国高等教育管理体制改革的需要,上海工业大学、上海大学、上海科技大学、上海科技高等专科学校四校合并组建新的上海大学,由钱伟长任校长,他的教育理念有了更宽广的实践空间,他以80多岁的高龄亲理校政。他率领两位刚任命的校长助理,奔波于各个校区,亲手勾画了新上大的蓝图,主持了新校区的规划和建设。1997年12月,上海市政府通过上海大学"211工程"建设立项可行性论证,这标志着上海大学进入"211工程"全面建设阶段。

2002年3月,征得国家计委、教育部的同意,上海市人民政府组织专家对上海大学"211工程"、"九五"期间建设项目验收。以中国科学院院士、复旦大学原校长杨福家为组长的专家组,对上海大学"211工程"、"九五"期间的建设成效给予了充分的肯定和高度评价,在验收报告中指出:上海大学在校党委和钱伟长校长的领导下,在培养创新型人才过程中,形成独特的教育理念。在全国率先推行学分制,并形成了以学分制、选课制、短学期制为核心的特有教学管理模式。

在上海大学向国内一流的综合性研究型大学的目标迈进的过程中,年近九旬的钱伟长先生依然关心着学校的发展与学生的教育,特别关心研究生的教育和培养,他出席研究生的首日教育,并用自己的切身体会引导学生如何去学习并掌握知识,亲切接见新老研究生联合会主席团成员,亲临研究生工作党委与研究生干部亲切交谈,聆听研究生各项活动开展的汇报,坚持从他担任校长开始就形成的惯例,出席本科生、研究生的毕业典礼。2006年7月5日,年近93岁高龄的钱老依然准时出席了毕业生的毕业典礼,并鼓励学子到国家的各个岗位,为祖国做贡献,钱校长在毕业典礼上的讲话总会成为那一届学生心中永远的纪念。

在上海大学的校园里,师生时常会看到满头银发,身着红色夹克的钱伟长校长,坐在缓缓行进的轮椅上,用深情的目光打量校园的一草一木,欣喜地看着学子们步履匆匆地走向教室,并不时地与陪同人员交谈,时刻关注上海大学的变化和成长。

2010年7月30日,钱伟长在上海与世长辞。他的治学理念与教育思想已成为凝聚一代又一代上大人的精神力量,激励着他们为推进上海大学"双一流"建设不懈奋斗!

第二章　钱伟长的主要学术成就概述

第一节　薄板薄壳的内禀统一理论

关于弹性薄板薄壳的内禀统一理论是钱伟长的成名之作。

近代工业的兴起与发展，极大地推动了柔韧构件的理论与应用研究。第一个提出板的薄膜理论数学表达式的人是欧拉(Leonhard Euler)。1766年，圣彼得堡科学院公布了欧拉关于板的薄膜理论的研究成果。在那篇论文里他求得了矩形膜和圆形膜的固有振动模式，欧拉把矩形薄膜考虑成一个相互垂直的柔索系，并且求得了它振动的微分方程。

1788年10月21日，在圣彼得堡科学院的会议上，欧拉的学生——年轻的院士伯努利(Daniel Bernoulli)做了演讲，叙述了在小挠度情形下矩形板的振动理论，并给出了挠度微分方程。运动微分方程中缺少抗扭刚度，导致仅仅发现了理论与实验之间的相似性，而没有普遍的一致性。

索菲·热尔曼(Sophie Germain)应用变分法导出关于板的振动微分方程。尽管她因此获得了巴黎科学院的奖金，但她在应变能的表达式中由于忽略了板的中面翘曲所做的功而未能正确地导出板的微分方程。

曾经是鉴定人之一的拉格朗日(Joseph-Louis Lagrange)修正了热尔曼的公式，补上了遗漏项，首次得到了板的正确的微分方程，这个未经推导的工作直到他1813年去世后才从他的手稿中发现。

近代弹性理论的创始人之一纳维（Claude Louis M. H. Navier）求解过各种板的问题。他推导出具有抗弯刚度的矩形板的正确微分方程。

1829年，泊松（Siméon Denis Poisson）将纳维推导出来的板的微分方程推广应用到圆板的横向振动问题中，但其边界条件仅适用于厚板。

基尔霍夫（Gustav Robert Kirchhoff）在他的著名论文[①]中提出了考虑弯曲与拉伸联合作用的广义板理论，并将其推广到挠度不是很小的情形，他认为非线性项不应被忽略。

1907年，福贝耳（August Foppl）在他的《工程力学》一书[②]中论述了板的非线性理论。

1910年，冯·卡门导出了平板大挠度非线性方程，他用几何投影法导出了包含二阶应变的大挠度应变表示式。其后，许多学者从不同角度考察了冯·卡门平板大挠度非线性方程的准确程度。

1941年，钱伟长和他的导师辛格基于有限变形体弹性力学给出了描述薄壳问题的统一处理方法[③]。在此前弹性薄板和弹性薄壳一般都是分开来讨论的，而薄壳又是按柱壳、锥壳、球壳、环壳、旋转壳等不同形状，采用不同坐标，写出不同的平衡方程和应变协调方程来处理。而且一般是以板或壳的二维单元为基础，以宏观的应力内力素的平衡方程为出发点，再根据Kirchhoff-Love假设（① 垂交于中面的法线在变形后仍垂交于中面，即在处理应力应变关系时，初步略去横剪的影响（$\gamma_{\alpha z} = \gamma_{\beta z} = 0$）；② 垂直于中面的横向正应力 σ_z 在处理应力应变关系时，也可以略去不

---

① Kirchhoff G. Vorlesungen über mathematische Physik, V.1, B. G. Teubner, Leipzig, 1876, 转引自郑晓静：《圆薄板大挠度理论及应用》，吉林科学技术出版社1990年版，第352页。

② Foppl A. Vorlesungen über technische Mechanik, Vols.3 and 5, 8th and 3rd ed. B. G. Teubner, Leipzig, 1923, 转引自郑晓静：《圆薄板大挠度理论及应用》，吉林科学技术出版社1990年版，第352页。

③ Synge J L, Chien W Z. The intrinsic theory of elastic shells and plates, *Applied Mechanics*, Theodore von Kármán Anniversary Volume, 1941, 103–120.

计,即横向纤维互不挤压的假设;③ 横向正应变很小,即在厚度方向,厚度变化很小,在处理应力应变关系时略去不计,即 $e_z = 0$)来决定应力内力素和中面应变位移的关系,从而求出用3个中面位移分量(u, v, w)为待定量的3个平衡微分方程式。

辛格和钱伟长的论文,提出以三维的微观平衡方程为基础,引进三维的微观应力应变关系,代入该平衡方程,化为用微观应变分量所表示的微观单元平衡方程。同时,采用以中面为基础的拖带坐标(x^0, x^1, x^2):在变形前,中面为$x^0 = 0$,(x^1, x^2)为中面上的坐标,中面以外各点的坐标,用x^0和垂直于中面的法线交于中面的交点的坐标x^1,x^2为坐标,称为以中面为基础的高斯坐标系。这个坐标系在变形前的基本张量为$g'_{ij}(x^0, x^1, x^2)$,其中$g'_{01} = g'_{02} = 0$。在变形中,各点的坐标(x^0, x^1, x^2)标称不变,亦即在变形中坐标系的框架随着板壳变形的质点位移而被拖带着变形。所以,变形后的坐标系的基本张量不再是$g'_{ij}(x^0, x^1, x^2)$,而变为$g_{ij}(x^0, x^1, x^2)$,应变张量定义为$e_{ij} = \frac{1}{2}(g_{ij} - g'_{ij})$。因为变形前和变形后的坐标空间都是平坦空间,所以,它们的曲率张量R'_{ijkl}和R_{ijkl}都恒等于零,采用e_{ij}的定义就可以求得6个应变分量必须满足的6个协调方程。然后,可以在中面即$x^0 = 0$上,引进中面张量p_{ij}和q_{ij},而

$$p_{\alpha\beta} = (e_{ij})_{x^0=0}, \quad q_{\alpha\beta} = \left(\frac{\partial e_{ij}}{\partial x^0}\right)_{x^0=0}, \quad (i, j = 1, 2, 3)$$

其中$p_{\alpha\beta}$($\alpha, \beta = 1, 2$)为中面拉伸张量,$q_{\alpha\beta}$($\alpha, \beta = 1, 2$)为中面弯曲张量。最后在中面上,可求得用$p_{\alpha\beta}$($\alpha, \beta = 1, 2$),$q_{\alpha\beta}$($\alpha, \beta = 1, 2$)表示的3个平衡方程和3个协调方程。

从该文中可以看到,辛格和钱伟长在分析中考虑了变形位形变化对平衡的影响,将平衡方程建立在变形后位形上,并引用了两个参考系:一个是固定于空间的惯性参考系,一个是嵌含在壳体中的自然坐标系(或称为拖带系)。这种双重坐标系的描述法是欧拉经典动力学描述法

的合理推广,已成为近代变形体力学中的运动参考系的最基本和重要的描述法。

该文发表后,受到弹性力学、应用数学以及纯数学界的高度重视,钱伟长先后在多伦多大学应用数学系和数学系、加拿大数学学会1941届年会、加州理工大学航空系、美国数学学会西部1943届年会等场合做过学术报告。至1973年,荷兰艾恩德霍芬(Eindhoven)工业大学工程力学教授鲁登博士(Harry S. Rutten)在他的《以渐近近似为基础的壳的理论和设计》一书中还多次推崇该文。他认为:"辛格和钱的工作,继承了19世纪早期柯西(Augustin-Louis Cauchy)和泊松的工作,在西方文献中重新注入了新的生命力。""板壳理论由于成功地采用了先验的基尔霍夫和拉夫(A. E. H. Love)假设,人们已经长期没有研究板壳的三维理论了","辛格和钱的工作是三维理论的基本工作。仅用力学状态的内禀变量应力和应变,严格地从三维理论中导出了任意形状的薄壳都适用的非线性方程,这里在各向同性的假定下,把应力和应变分量按厚度方向的坐标展开为泰勒级数,近似的二维方程只有6个基本待定量,3个代表中面拉伸应变,3个代表中面弯曲变形分量,这是辛格和钱工作最重要的特点"。[1]

钱伟长在上述工作的基础上进一步拓展,1942年完成了以薄板薄壳统一内禀理论为内容的博士学位论文。1944年,钱伟长将博士论文的主要部分分三次发表在美国刚创刊的《应用数学季刊》上。第一部分[2]对一般薄壳问题给予系统的研究,薄板问题被看作薄壳问题的特例。该工作从三维的弹性应力平衡方程出发,配合着三维的应力应变关系,并把板壳材料看作是均匀的和各向同性的,工作中把应力应变分量展开为厚度方

---

[1] Rutten H S. Theory and design of shells on the basis of asymptotic analysis: a unifying approach to the variety of thick and thin elastic shell theories and problems, published by Rutten + Kruisman, Consulting Engineers, Holland, 1973, 23–24.

[2] Chien W Z. The intrinsic theory of thin shells and plates, Part I, General theory, *Quarterly of Applied Mathematics*, 1944, 1(4), 297–327.

向坐标x^0的泰勒级数,最后得到了用6个待定量$p_{\alpha\beta}$, $q_{\alpha\beta}$(α, $\beta = 1, 2$)表示的3个平衡方程和3个协调方程。一旦给定$p_{\alpha\beta}$, $q_{\alpha\beta}$,就能计算壳内各点的应力和应变,也可以计算壳的中面各点上的应力内力素。文中并未采用位移为未知量,所以与常见的板壳理论的形式有很大区别。第二部分[①]和第三部分[②]则根据$p_{\alpha\beta}$, $q_{\alpha\beta}$相对于板壳的厚度和曲率的量级(包括曲率为零)来进行各种近似,得到了板壳全部问题的详尽分类,找到了12类薄板和35类薄壳问题。对于每类板壳问题,都有从第一部分中简化所得的6个方程。在这些方程中,略去了一些量级较小的项(包括剩余项),这样求得的方程包括了常见的小挠度方程和一些已知的大挠度方程。冯·卡门导出的平板大挠度非线性方程是其中的第5类方程。还有不少有限挠度的方程是新的,以前未见于任何文献。

1958年8月11日至14日,在美国斯坦福大学召开了海军结构力学第一届研讨会,会后出版的有关研讨会的论文集中收录了冯元桢(Y. C. Fung)和塞施勒(E. E. Sechler)的论文《弹性薄壳的失稳》[③],他们将钱伟长系列论文第三部分中的方程(12.13a, b)称为"钱伟长一般方程",而称方程(12.16a, b)为"圆柱壳钱伟长方程",此后,方程(12.13a, b)和(12.16a, b)都被称为"钱伟长方程"。

钱伟长的上述论文使人们对板壳非线性变形在整体上有了清晰的认识。1980年,美国理性力学权威爱林根(A. C. Eringen)访问中国,特意到钱伟长在清华大学的住所照澜院拜见,他说,当年他花了几个月时间拜读钱伟长的板壳内禀统一理论,从而开始了自己在理性力学方面的开创性工作,他把钱伟长认作自己的前辈。1982年,在上海召开的国际

---

① Chien W Z. The intrinsic theory of thin shells and plates, Part Ⅱ, Application to thin plates, *Quarterly of Applied Mathematics*, 1944, 2(1), 43–59.

② Chien W Z. The intrinsic theory of thin shells and plates, Part Ⅲ, Application to thin shells, *Quarterly of Applied Mathematics*, 1944, 2(2), 120–135.

③ Fung Y C, Sechler E E. Instability of thin elastic shells, Structural mechanics: Proceedings of the 1st Symposium on Naval Structural Mechanics (editor J. Norman Goodier, Niehslas J. Hoff) held at Stanford Univ., Calif. Aug. 1958, 11–14, 115–160.

有限元学术会议上,执行主席加拉格尔(R. H. Gallagher)教授向大会介绍钱伟长时说:"钱教授有关板壳内禀统一理论的论文,曾是美国应用力学研究生在20世纪四五十年代必读的材料,他的贡献对以后的工作有很大影响。"

回国后,钱伟长又将他的博士论文中关于从三维弹性理论导出壳体宏观平衡方程的证明发表在1948年12月的《国立清华大学理科报告》上[①]。该论文从一般的三维微观弹性力学张量平衡方程导出了壳的应力内力素的宏观平衡方程。推导过程中,在表面受力条件下只将三维微观平衡方程从壳的一个表面顺着厚度积分至另一个表面就可得到结果。

关于这篇论文还有一段有趣的插曲。这篇论文发表后不久,钱伟长收到美国特鲁斯德尔(C. Truesdell)的来信,说钱伟长抄袭了他1948年初发表在《美国数学学会汇刊》的一篇文章,只不过他是用一般数学符号写的,而钱是用张量写的罢了。特鲁斯德尔还写信给美国《应用力学评论》的主编,提出发明权的申诉。主编把该信转到北京。钱伟长写了回信,一式两份,一份寄给特鲁斯德尔,一份寄给美国的《应用力学评论》。信中主要申明两点:第一,1948年前后,北京处于解放战争的前线,兵荒马乱,邮路极不正常,根本未见到特鲁斯德尔的文章;第二,他在《应用数学季刊》上发表的论文内容是多伦多大学应用数学博士论文的一部分,该论文在答辩后,有一份存于多伦多大学图书馆,另有一份存于美国数学学会图书馆,请特鲁斯德尔查阅即可证明。后特鲁斯德尔来信道歉,说他的导师莱斯纳(H. Reissner)批评了他,并告诉他,他的博士论文是经钱伟长审查的。当年钱伟长正乘船自洛杉矶回国,用22天的时间审阅这篇论文,提出了近50条审查意见。特鲁斯德尔除了一条意见未接受外,其余都接受了,并做了修改。特鲁斯德尔这时才知道,对于他在1947年经《美国数学学

---

① Chien W Z. Derivation of the equations of equilibrium of an elastic shell from the general theory of elasticity, *The Science Reports of National Tsing Hua University*, A, 1948, 5(2), 240–251.

会汇刊》发表的有关轴对称壳的论文,钱伟长在审稿时提出了许多建设性的意见。为此,他在这封信里对钱表示深切的感谢,从此两人建立了深厚而持久的友谊。①

---

① 钱伟长:《钱伟长学术论著自选集》,首都师范大学出版社1994年版,第559页。

第二节　圆薄板大挠度问题的摄动解法

钱伟长回国后从事的一项有影响的工作是圆薄板大挠度问题的摄动解法。

1910年，冯·卡门发表了平板大挠度非线性方程，该方程形式如下（为了便于说明，此处采用了钱伟长论文中的形式）：

$$r\frac{d}{dr}\left[\frac{1}{r}\frac{d}{dr}(r^2 N_r)\right] + \frac{Eh}{2}\left(\frac{dw}{dr}\right)^2 = 0, \quad (1)$$

$$D\frac{1}{dr}\left[\frac{1}{r}\frac{d}{dr}r\frac{dw}{dr}\right] = N_r\frac{dw}{dr} + \frac{qr}{2}, \quad (2)$$

$$N_t = \frac{d}{dr}(rN_r). \quad (3)$$

其中：D 为抗挠刚度，E 为板的杨氏模量，h 为板的厚度，d 为板的半径，r 为径向坐标，q 为板所受的均布载荷，w 为挠度，N_r 为径向薄膜内力，N_t 为切向薄膜内力。

该方程合理地考虑了板的非线性效应，且相对于其他情形表述得较为简单，所以在处理板的大挠度问题中应用得最为广泛。但由于冯·卡门的方程是一对耦合的非线性微分方程，求解线性微分方程的一整套有效方法对此失效,因此对它的理论研究和求解仍很困难。随着板壳结构的广泛应用,尤其像仪表弹性元件的设计,需要比较精确的理论结果来指导生产实际,因而对数学、力学工作者提出了更高的要求:一方面要求解法简便可行,另一方面要求理论结果的精度能满足工程应用。这促使不少学者从不同途径寻求冯·卡门方程的解,几十年来许多数学工作者和力学工作者围绕着冯·卡门方程进行了不懈的努力。

在20世纪60年代以前,人们主要用解析方法来求解冯·卡门方程,譬如摄动法[1]、迭代法[2]、级数法[3]等。到70年代以后,随着计算机的出现,相应地产生了一些数值计算方法,如有限元法、边界元法、有限差分法等。这些方法在求解不规则板时具有优越性,但对于某些载荷等因素突变的情形,数值计算结果并不令人满意,且计算量大。而解析方法只需用少量的计算便可给出精度可靠的理论解。因此,解析方法是应用很广的方法。

1931年,文森特(J. J. Vincent)最先以载荷为摄动参数,求解了均布载荷作用下的圆板大挠度问题,使人们对非线性问题有了一定的认识和了解。1934年,韦(S. Way)提出了幂级数解法,这种计算由于级数收敛得很慢,在$\frac{w}{h}$较大的情况下就需要三四十项,所以用起来很不方便。

1947年,钱伟长创造性地提出了用中心位移作为摄动参数来求解方程(1)—(3)式,他先把方程中的各种数量通过无量纲化:$W = \frac{w}{h}$,$N_r = \frac{Eh^3}{a^2} S_r$,$N_t = \frac{Eh^3}{a^2} S_t$,$P = \frac{a^4 q}{h^4 E}(1 - \mu^2)$,然后以$W$的极大值$W_{\max}$作为摄动参数将每一个量展开成为$W_{\max}$的级数,并将这些级数代回冯·卡门方程的无量纲形式中,依照参数的幂次得到若干个方程和相应的边界条件,其中

---

[1] 胡海昌:《在均布及中心集中载荷作用下圆板的大挠度问题》,载《物理学报》1954年第4期,第383—394页。

[2] 刘人怀:《在边缘载荷作用下中心开孔圆底扁薄球壳的轴对称稳定性》,载《力学学报》1977年第3期,第206—212页。

[3] Way S. Bending of circular plate with large deflection, *Journal of Applied Mechanics-Transactions of the ASME*, 1934, 56, 627–636.

为了便于计算还引进了坐标变换：$\eta = 1 - \dfrac{r^2}{a^2}$。最终钱伟长的计算结果与1942年由麦克弗森(Mcpherson)、朗布尔格(Rumberg)及利维(Levy)给出的实验结果完全符合。由于计算简便,比文森特解收敛得快,并避免了韦氏幂级数解法所引起的繁复计算,国际上称此方法为"钱氏法"(或钱氏解)[1]。后来DaDeppo和施密特(Schmidt)选取$1-\nu^2$(ν为泊松比)做摄动参数,处理了膜和板的一些问题,他们在比较了几种摄动解的结果后评论道:"仍以钱伟长的解为好。"

当然每一种方法都有自身的局限性,钱伟长法也不例外,胡海昌[2]曾经指出:对于中心集中载荷和均布载荷联合作用时,以中心挠度为摄动参数有时为零,因此在这种情况下,以中心挠度为摄动参数是不合适的。钱伟长的学生陈山林、光积昌[3]全面论证了在均布载荷下圆薄板大挠度问题的摄动参数的选择问题,对与载荷、挠度、转角、内力有关的各种参量进行了研究,并对一般摄动参数的情形用变分原理求得了解答。文中研究了采用各种摄动参数所得的解的刚度及挠度特征,并与实验相比较,研究了解的适用范围,对选取更好的参数的可能性也进行了讨论。结果指出在均布载荷情况下,斜度的均方根所对应的解答虽然与中心挠度为参数的解相当一致,但仍以取中心挠度为参数较好,因为它更简便。

上述摄动法都是以其线性解为初始摄动解进行的,这对挠度不太大的情形是适用的,但当挠度增大到一定程度时,这些摄动解便失效。1948年,钱伟长首次引入边界层效应,采用薄膜解为初始摄动解,求解了大挠度圆板非线性弯曲问题[4]。薄膜解适用于边界位移为零的挠度很大的情

---

[1] DaDeppo D A, Schmidt R. Moderately large deflections of a loosely champed circular plate under a uniformly distributed load, *Indus. Math.* 1975,25(1), 17-28.

[2] 胡海昌:《在均布及中心集中载荷作用下圆板的大挠度问题》,载《物理学报》1954年第4期。

[3] 陈山林、光积昌:《圆薄板大挠度问题的摄动参数》,载《应用数学和力学》1981年第1期。

[4] Chien W Z. Asymptotic behavior of a thin clamped circular plate under uniform normal pressure at very large deflection, *The Science Reports of National Tsing Hua University*, 1948,5(1), 1-24.

况，它除了不能满足转角为零的夹紧边界外，在全场适用。固定圆薄板在均布载荷下发生很大挠度时就有边界效应，即在边界附近的领域内，位移$w(r)$的变率很大，$w(r)$和$\frac{\partial w}{\partial r}$不再是同一量级。钱伟长采用大参数$\tau = \left[\frac{PC}{2(1-\mu^2)}\right]^{\frac{1}{3}}$时，引用新的放大坐标$\beta = \tau(1-x)$，再以$\tau$，$\tau^0$，$\tau^{-1}$，$\tau^{-2}$，…级数展开即得逐级近似解，而且$\frac{\partial w}{\partial r}$在边界上等于零的解也能跨级求得，这里$P = \frac{a^4 q}{h^4 E}(1-v^2)$为无量纲载荷，$C$为薄膜解中由边界径向位移$\mu$为零所决定的常数，它与泊松比$v$有关。钱伟长的这一工作是国际上有关奇异摄动理论中合成展开法的最早的成果[①]。在20世纪50年代之后，由于钱伟长、郭永怀、林家翘、钱学森等人对奇异摄动理论的大力发展和推广，这一理论才受到重视，成为力学上非线性问题求解的重要途径。

在20世纪80年代，钱伟长对上述圆薄板大挠度问题的研究又做了进一步的完善和改进。他与陈山林[②]合作采用最大位移和板厚之比的倒数作为小参数，所得结果大大改进了他1948年得到的结果。

钱伟长因在圆薄板大挠度问题领域的出色工作，于1956年获得国家自然科学奖二等奖。

---

① 钱伟长主编：《奇异摄动理论及其在力学中的应用》，科学出版社1982年版，第310—339页。
② 钱伟长、陈山林：《合成展开法求解圆薄板大挠度问题》，载《应用数学与力学》1985年第2期。

第三节　圆环壳的一般解及环壳理论的应用

环壳理论有两个特点：方程复杂、求解不易。莱斯纳的著作是在这种壳体计算方面首先取得的重大成就。莱斯纳把描述这种壳体对称变形的微分方程化成简便的形式，随后为进行积分采用了渐近法，那时发现了有可能用复数变换的方法降低该问题的微分方程的阶，因而把受对称载荷的球形壳体的计算归结为积分一个不超过二阶的微分方程。

1915年，迈斯纳(E. Meissner)把上述结果成功地推广到任意形状的（甚至变厚度）的旋转壳体的对称变形上，从而使与受对称载荷的旋转壳体的计算相关的困难在很大程度上得到了克服，渐近法更是开辟了求解相应微分方程的简单而又足够精确的途径[1]。

20世纪30年代以后，人们努力用复变量来进一步简化环壳方程，其中托尔凯(F. Tölke)、克拉克(R. A. Clark)和诺沃日洛夫(Новожилов)分别采用了不同的简化过程，提出了3种不同的复变量方程，克拉克求出了

---

[1] В. В. 诺沃日洛夫著、北京石油学院材料力学教研组译：《薄壳理论》，科学出版社1959年版，第245页。

渐近解,诺沃日洛夫求出了非齐次解,但不能满足不同的边界条件。

1978年钱伟长[①]在第六届全国弹性元件学术会议上宣读的论文成功地用统一的复变量化过程分别导出了上述各家的复变量方程,证明了它们之间的差异都在Kirchhoff-Love薄壳假定的容许范围之内。该文首先采用Reissner-Meissner环壳方程:

$$L(\varPhi) + va\varPhi - ah\alpha E\chi = -\frac{a\alpha\cos\varphi}{(1+\alpha\sin\varphi)\sin\varphi}\left[\frac{1}{2}aq - \frac{2+3\alpha\sin\varphi}{\alpha^2+\sin^3\varphi}Q_0\right], \quad (4)$$
$$L(\chi) - v\alpha\chi + \frac{a\alpha}{D}\varPhi = 0$$

式中,a为环壳的截面半径,φ为环壳上该选定任意点处的外法线与对称轴的夹角;q为壳所受的均布法向载荷,与外法线方向相同为正;Q_0为$\varphi=0$处的均布剪力;D为壳的抗弯刚度;$\varPhi$和χ是两个基本变量,$\varPhi = \frac{r}{\sin\varphi}Q$($r$为环壳上选定的任意点的离轴距离),$\chi$是位移$v$,$w$与切线的变形转角的函数且它们之间的关系为:

$$\chi = \frac{1}{a}\left(\frac{dw}{d\varphi} + v\right), \quad \alpha = \frac{a}{R}\varPhi$$

R为整体半径;L为一线性微分运算子,即

$$L(\varLambda) = \frac{1+\alpha\sin\varphi}{\sin\varphi}\frac{d^2}{d\varphi^2}(\varLambda) + \alpha\cot g\frac{d}{d\varphi}(\varLambda) - \frac{\alpha^2\cos^2\varphi}{(1+\alpha\sin\varphi)\sin\varphi}(\varLambda) \quad (5)$$

钱伟长巧妙地引进复变量$S = A\varPhi+B\chi$(其中A,B为待定复数),并利用(5)式所定义的微分算子,得到了一个二阶复变量方程,在该方程中

---

① 钱伟长、郑思梁:《轴对称圆环壳的复变量方程和轴对称细环壳的一般解》,载《清华大学学报(自然科学版)》1979年第1期。

待定量为S,A可以任意选取。当选定$A=-1$时,就可得到托尔凯1937年所得到的复变量方程的表述形式;诺沃日洛夫1951年的环壳方程的形式相当于取$A=i\frac{a}{Rh}\sqrt{12(1-v^2)}$;而克拉克1950年得到的简化方程则是采用同样的复变量化过程,只是利用的复变量与前面的S不同而已。当然钱伟长以上的结论均是在Kirchhoff-Love假定范围以内讨论推导出的。

由于在许多实际问题中环壳的截面半径和环的整体半径的比值比1小得多,即$\alpha=\frac{a}{R}\ll 1$,因此当略去该比率在方程中的作用时环壳就被作为薄壁曲杆问题来处理,这类问题也称为细环壳问题。钱伟长在该文中还提出了细环壳的极限方程,并求得了这个方程的齐次解,该齐次解收敛得很快。钱伟长将得到的细环壳理论的一般解应用到求解半圆弧波纹管的计算中,他把波纹管单元分为正负两个细环壳处理,对它们在轴向力和内压作用下的变形和应力进行了系统计算,并将理论结果与特纳(C. E. Turner)和福特(H. Ford)在1957年的实验结果进行了比较,在允许的误差范围内,细环壳理论基本可用,他还根据计算结果提出了有关刚度和应力的设计公式[①]。此外,钱伟长将细环壳理论应用于解决环管形热膨胀器、均布内压的细环管和细圆曲管弯曲等问题[②],并证明这些纯理论的结果与几十年来的各种实验结果都是相符的,所以完全适用于工程计算。

1980年,钱伟长与郑思梁[③]合作将上述工作成果进行了推广,将求得的环壳方程的齐次解与诺沃日洛夫1951年提出的非齐次解合在一起,得到了轴对称圆环壳在$0\leqslant\alpha<1$范围内的一般解,并把解的一般系数归纳列表供工程计算时应用。这个解的提出解决了几十年来悬而未决的难题,这样就可求解环壳的各种问题,为圆环壳理论开辟了广阔的应用领域。

20世纪80年代,钱伟长在圆薄板摄动解和圆环壳一般解的基础上

---

① 钱伟长:《半圆弧波纹管的计算——细环壳理论的应用》,载《清华大学学报(自然科学版)》1979年第1期。
② 钱伟长:《细环壳极限方程的非齐次解及其在仪器仪表上的应用》,载《仪器仪表学报》1980年第1期。
③ 钱伟长、郑思梁:《轴对称圆环壳的一般解》,载《应用数学与力学》1980年第1期。

承接了两项国家重点攻关课题，提出了仪表弹性元件和波纹管膨胀节的理论计算方法，如U形波纹管非线性特性的摄动解法、三圆弧波纹膜片的设计以及轴对称载荷下旋转壳弹性元件的非线性计算通用程序等。

第四节　广义变分原理研究

除了在板壳理论方面的工作以外,钱伟长另一项享誉世界的成就是对广义变分原理的研究。

物质运动的规律,可以用时空坐标的函数,以微分方程的形式描述,也可以用这些函数的泛函,以其取极值或驻值的变分形式描述。由于20世纪60至70年代有限元方法的发展及其在工程上的广泛应用,变分原理作为其理论基础,显示出重要性。

在弹性理论中,有关位移的变分原理如最小位能原理和有关应力的变分原理如最小余能原理是最常见的变分原理,它们以应变或应力为基本函数给出泛函。赫林格(E. Hellinger)和莱斯纳分别于1914年和1950年研究并推广了最小余能原理,得到了以应力和位移为自变函数的无条件变分原理,人们称之为Hellinger-Reissner(H-R)变分原理。胡海昌和鹫律久一郎(Washizu)分别于1954年和1955年将最小势能原理进行推广,得到了以位移、应变和应力为自变函数的无条件变分原理,人们称之为胡海昌-鹫津久一郎广义变分原理。以上变分原理工作都采用先验的办法,先列出泛函,变分后在驻值条件下证明本题所应满足的场方程和边界条件。

1964年，钱伟长完成了《关于弹性力学的广义变分原理及其在板壳问题上的应用》一文，他从最小位能原理和最小余能原理出发，把约束条件利用拉格朗日乘子引入泛函，从而放松条件，得到相应广义化的变分原理，在变分中可以把待定的拉氏乘子确定下来，这对建立广义变分原理的泛函提出了合乎逻辑的数学方法，无疑是一个重要成果[①]。可惜1964年文章投给《力学学报》后遭到退稿。鹫津久一郎在1968年出版的《弹性和塑性力学中的变分法》一书中，比较明确地应用了拉氏乘子法，但还有一些要点不够明确，如待定乘子通过泛函驻值条件来决定的观点还没有得到反映。一直到1977年，国外的文献上才有这一方面的论述。

1978年，钱伟长进一步研究了弹性理论中的广义变分原理，其中有关拉氏乘子法导出广义变分原理的内容与他在1964年遭退稿的论文中的基本相同，只是这篇论文[②]侧重于广义变分原理在有限元方法上的应用。在该文中钱伟长指出：弹性理论的最小位能原理和最小余能原理都是有约束条件限制的变分原理。采用拉格朗日乘子法，可以把这些约束条件乘上待定的拉氏乘子，计入有关变分原理的泛函内，从而将这些有约束条件的极值变分原理化为无条件的驻值变分原理。若把这些待定拉氏乘子和原来的变量都看作独立变量而进行变分，则从有关泛函的驻值条件就可以求得这些拉氏乘子用原有物理变量表示的表达式。把这些表达式代入待定的拉氏乘子中，即可求所谓广义变分原理的驻值变分泛函。但在某些情况下，待定的拉氏乘子在变分证明中恒等于零。这是一种临界的变分状态。在这种临界状态中，无法用待定拉氏乘子法把变分约束条件吸收入泛函，从而解除这个约束条件。从最小余能原理出发，利用待定拉氏

---

① 钱伟长：《关于弹性力学的广义变分原理及其在板壳问题上的应用》，载《钱伟长科学论文选集》，福建教育出版社1989年版，第419—439页。
② 钱伟长：《弹性理论中广义变分原理的研究及其有限元计算中的应用》，载《机械工程学报》1979年第2期。

乘子法,试图把应力应变关系这个约束条件吸收入有关泛函时,就发生这种临界状态,用拉氏乘子法,从余能原理只能导出H-R变分原理,这个原理中只有应力和位移两类独立变量,而应力应变关系仍是变分约束条件,人们利用这个条件,从变分求得的应力中求应变,所以H-R变分原理仍是一种有条件的变分原理。

为了消除H-R变分原理应力应变关系的约束,钱伟长引进了高阶拉氏乘子法,在用了这种高阶拉氏乘子法后,不仅从H-R变分原理的基础上找到比当时一切广义变分原理更加一般的广义变分原理,在特殊的情况下,这个更一般的广义变分原理可以还原为现存的各种弹性力学广义变分原理。这项工作[①]是拉氏乘子法的重要推广,解决了待定拉氏乘子法中用变分驻值求待定乘子时所遇到的临界变分条件的困难即待定乘子为零时的困难。

1983年,钱伟长做了广义变分原理的系列讲座,之后出版了专著[②],通过学术性的争论启发中国学者对变分原理进行更深入的思考,促进了拉格朗日乘子法在变分原理中的应用,推动了在有限元、杂交元和混合元等方面开展蓬勃的研究活动并进行广泛的工程应用。

在广义变分原理方面,钱伟长的工作还有:其一,按弹性理论中各种变分原理的约束条件的不同,对所有变分原理进行分类,并由此确定变分原理间的等价定理[③]。其二,在非协调元中采用识别了的拉格朗日乘子法,从而减少了和待定乘子有关的自由度,其《非协调元和广义变分原理》[④]一文1984年由美国《应用力学进展》第24卷发表。该卷一共有6篇文章,包括比奥(M. A. Biot)的关于不可逆热力学和林

---

① 钱伟长:《高阶拉氏乘子法和弹性理论中更一般的广义变分原理》,载《应用数学和力学》1983年第2期。
② 钱伟长:《广义变分原理》,知识出版社1985年版。
③ 钱伟长:《弹性理论中各种变分原理的分类》,载《应用数学和力学》1984年第6期。
④ Chien W Z. Incompatible elements and generalized variational principles, *Advances in Applied Mechanics*, 1984, 24, 93–153.

家翘的关于星系动力学与引力等离子体的文章,都是当代在力学方面重要的进展和贡献。其三,把广义变分原理推广到大位移和非线性弹性体[①]。

1982年,钱伟长因在广义变分原理方面的工作再度获得国家自然科学奖二等奖。

---

① 钱伟长:《大位移非线性弹性理论的变分原理和广义变分原理》,载《应用数学和力学》1988年第1期。

第五节　其他方面的工作

一、流体力学方面的贡献

钱伟长在流体力学方面也做出了重要的贡献[①]。在20世纪40年代，他用一种巧妙的摄动展开法给出高速空气动力学超音速锥型流的渐近解，大大改进了冯·卡门和摩尔（N. B. Moore）给出的线性化近似解，与泰勒（G. I. Taylor）和麦科尔（J. W. Maccoll）的数值结果相吻合。文中证明了在对称锥型流中卡门-摩尔的线性解仅在锥角极小时适用。过去，人们在渐近序列中一般采用幂级数，钱伟长拓宽了渐近序列的范围，采用幂级数-对数函数的混合序列，这对摄动法是一项重大突破，但到20世纪50年代之后才被人们认识和接受。

1886年，雷诺（O. Reynolds）在7个假设下提出润滑的原始模型，导出了著名的雷诺方程。1949年，钱伟长基于滑板间黏性流体层很薄的实际情况，以流体特征厚度为小参数进行摄动展开，仅用3个简化假设，从流体

---

① Chien W Z. Symmetrical conical flow at supersonic speed by perturbation method, *Engineering Reports of National Tsing Hua University*, 1947, 3(1), 1-14.

力学的纳维-斯托克斯方程出发,导出了润滑问题的高阶雷诺型方程,并进一步建立了相应的变分表达式,导出等价的变分问题,从而使计算工作量大为减少,这一方法还可用于计算有限宽矩形润滑轴承问题。算例表明,计算结果正确可靠,大大改进了几位学者(M. Muskat、F. Morgan 和 M. W. Merea)在1940年得到的结果,这是润滑流体动力学的早期成果[①]。

有限元的发展促使人们开始研究流体力学问题的有关变分原理,但大多数都从伯努利方程出发研究无黏流动,重点放在物体外场的流动。1984年,钱伟长从流体力学的基本方程出发,对内流、外流等一般的黏性流动建立了更为普遍的变分原理,对不可压缩流体和可压缩流体分别建立了最大功率消耗原理,并以运动方程为基础,用拉格朗日乘子法消除诸如物态方程、连续性方程及边界条件等变分约束条件,建立了无约束条件的广义变分原理,从而把固体力学中的变分原理方法推广到黏性流体力学,奠定了流体力学中有限元方法的基础[②]。

二、锌空气(氧)电池的研制

1972—1974年,钱伟长参加了高能电池研究小组,在短短3年内翻译了累积300万字的资料,成功地研制出多项指标超过国际水平的锌空气(氧)电池,并协助建立了锌空气(氧)电池厂,出版了《锌空气(氧)电池进展》专著。该项工作1975年获北京市科技进步奖。

三、中文信息处理方面的贡献

1981年6月,为促进学科发展、繁荣我国中文信息处理事业,钱伟长与甄健民、安其春等人发起成立了中国中文信息学会,钱伟长连任第一、

---

① Chien W Z. Hydrodynamic theory of lubrication for plane sliders of finite width, *Chinese Journal of Physics*, 1949,7(3), 278−299.
② 钱伟长:《粘性流体力学的变分原理和广义变分原理》,载《应用数学和力学》1984年第3期。

二两届学会理事长。1986年,钱伟长还以其深厚的国学功底,根据人们长期使用汉字的习惯及普遍的识字规律,结合汉字结构的特点,提出汉字宏观字形编码,简称钱码①。在钱码出现之前,全国已经有约500种汉字输入计算机的编码法,但是都有两个缺点:一是力图不出现重码;二是单字输入,一字一码。钱码根据汉字结构的特点,提出宏观字形编码法则,将一个汉字以其宏观的相似、相近的字形部件特征和结构关系进行编码,把151种基本部件按形状相似、相近原则归类,定义在39个键位上。例如,把"其、耳、且、目、自、白、臼、贝、见、页"等部件编为一码,便于联想,记忆量少,易学易用。钱码中允许重码,其字频最高的字直接跳入文本,其他同码字按常用字频排列于下,可供选择,使得码长缩短,效率提高。一个汉字最多选3个字形部件完成编码,有39个最常用字一键为码。钱码还具有容错能力,很多汉字可以采用不同的分割方式来适应个人理解上的差异。钱码的词组输入方式也是早期开创性工作。1986年,在国家标准局组织的全国第一届汉字输入方案评测会上,34种方案中钱码被评为A类方案,单人输入速度第一;同年获得上海市科技进步奖二等奖。

2005年7月,中国中文信息学会申请设立的"钱伟长中文信息处理科学技术奖"由中华人民共和国科学技术部正式批准,这个奖项是为奖励在推动我国中文信息处理科学技术进步工作中做出突出贡献的项目和个人而设立的,首届获奖人员名单已于2006年10月进行了公示。

---

① 钱伟长、曹家麟、冯麟孙、邹皓:《汉字宏观字形编码(钱码)》,载《中文信息处理国际会议(北京)论文集》(第2卷),1987年版,第4—31页。

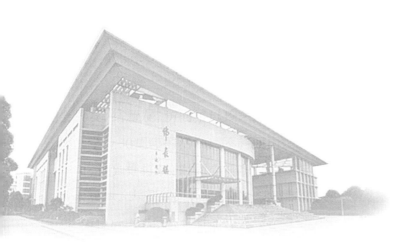

第三章　钱伟长的办学观

第一节　开门办学

1982年9月,钱伟长就任上海工业大学校长。上海工业大学前身是20世纪60年代初,以上海交通大学分部、上海交通大学附中和上海市团校的校址,由上海交通大学、复旦大学、华东师范大学等院校调集教职工新建的工学院,设有机械、电机、冶金、仪表无线电4个系9个专业,学生800余人。1972年与上海机械学院合并,更名为上海机械学院。1979年恢复上海工学院建制,改称上海工业大学。1994年,为适应中国高等教育管理体制改革形势的需要,上海工业大学、上海科技大学、上海大学、上海科技高等专科学校四校合并,成立了新的上海大学。无论是上海工业大学还是新上海大学,在钱伟长与时俱进的办学思想的指导下都有了长足的发展。

随着科技的发展和社会的进步,人类面临越来越多的问题,如疾病的威胁、环境的污染、经济的可持续发展等,这些都需要具备专业知识的高素质的人来解决,而大学比其他任何社会机构都拥有更好的条件——解决这些社会问题所需要的知识储备和优秀人才。拥有这些独特条件的大学面对社会的需要是袖手旁观还是义无反顾地肩负起社会赋予它的责任呢?对于这个问题一直存在争论,一种观点认为,大学应该是远离尘嚣的象牙塔,不为世俗所染,虽然解决实际问题有它的重要性,但对基础知识和认识能力的探求则是一个更为重要的目标,过多地参与社会事务无疑会贬低学术机构,削弱学术研究在人们心中的地位和价值。另一种观点则认为,大学在考虑社会需要时有理由感到不安,因为社会在使大学繁荣发展的同时也赋予了它相应的责任,大学具有学科门类齐全、师资雄厚和实验手段先进等优势,完全有潜力、有条件为社会的需要做出贡献,同时随着大学不断扩招,它们需要大量的外部资金维持自身的正常运转,如果没有外界的巨大资金支持,大学也难以生存,因此不应该对社会的需求表现得漠不关心。

对于这样的争论,钱伟长的立场鲜明,一直主张大学要加强与社会的联系以适应经济建设和科学技术的发展变化。他认为,学校应该开门,面向社会,不能不漏气。关门培养人是培养不出来的。因此"我们必须实行开放式的办学。一是加强学校与社会的联系,为适应上海新的工业结构的需要,创造和发展专业;和企业订合同,开展科技服务;为工厂企业工程师以上的专家开设最近五年科技发展动态和方向的讲座,等等。二是与国外进行人才和学术交流,迅速引进适合国情的新科学、新技术。"[1]

因此,钱伟长就任上海工业大学校长后首先考虑到,上海工业大学怎样在党的教育方针指导下直接为改革开放中的上海市的经济建设服务,怎样开拓办学路子,怎样进一步加强教育和生产的联系,怎样消除学校和社会的隔阂[2],等等,不久就提出拆掉"四堵墙"的主张,所要拆的第一堵墙就是学校与社会之间的墙,以密切学校与社会和工厂企业的联系,进一步强调教育为社会服务的办学方针。

为使上海工业大学进一步加强教育与经济生产的联系,钱伟长征得上海市领导的批准,1991年成立了由上海市的14个委、办、局领导参加的上海工业大学校务指导委员会,由顾传训副市长任主任,还为此成立了工作小组,

---

[1] 钱伟长:《钱伟长论教育》,上海大学出版社2018年版,第117页。
[2] 钱伟长:《八十自述》,海天出版社1998年版,第97页。

经常研究产学结合工作的开展以及协调解决出现的问题。上海市经委和4个工业局为学校专门介绍"八五"科技规划情况,商议可以合作的科技领域。此外,上海工业大学还聘请工厂的高级工程师到学校讲课,讲述在生产实践中所积累的经验和知识。由于坚定不移地走开放式办学的新路,到1991年时恢复建制仅仅12年的年轻的上海工业大学就取得了骄人的成绩和长足的进步,其科研成果获得上海市科技进步奖的数量连年保持在全市高校中的前4名,全校的科研经费在当时全国的1 045所高等院校中名列第30。[①]

在新的上海大学成立后,钱伟长在许多场合反复强调,上海大学的特色就是"上海"两个字,要立足上海,依托上海,服务上海,辐射长江三角洲。为了适应上海产业结构调整升级的需要,上海大学充分发挥多学科及其综合优势,成立了一些学科交叉性的研究与开发中心和学院,如与上海市宝山区四通(集团)公司联合成立纳米科学与技术研究中心、与国家发展与改革委员会国土开发与地区经济研究所联合建立区域经济研究中心、与上海司法局共建法学院、与上海市房地局共建房地产学院、与上海巴士股份有限公司共建巴士汽车学院等,充分体现了钱伟长"为了社会需要搞教育,为了社会需要培养人才,为了社会需要做工作"的开门办学的思想。

开门办学为上海大学带来了发展的机遇,上海市委、市政府非常重视上海大学的发展,在1998—2002年整体投入15亿元,建成新校区,同时又投入近1.5亿元,用于学校公共服务体系和基础教学实验室的建设,学校的办学条件得到了极大的改善。学校建成了教学型实验室55个、研究型实验室18个、多媒体教室102个、双向远程多媒体教室7个,实验室总面积达18.4万平方米,图书馆建筑面积6.4万平方米,馆藏图书370万册、期刊4 000余种,校园通信光缆连接三个校区以及所有大楼,建成了较完整的信息网络服务体系。办学条件的改善为推进教学改革促进学科交叉渗透以及学校的长远发展提供了良好的基础条件。

---

① 钱伟长:《八十自述》,海天出版社1998年版,第102页。

第二节 教学与科研并重

我国高等教育法第五条明确规定,高等教育的任务就是培养具有社会责任感、创新精神和实践能力的高级专门人才,发展科学技术文化,促进社会主义现代化建设。培养具有创新精神的人才,这需要一支强大的高水平的师资队伍作为保障。钱伟长认为师资水平的提高需要科学研究的支撑。因为教师进行教学工作是天职,但做好教学工作的同时必须进行科学研究,科学发展很快,只有进行科学研究的人、参加科学创新的人才有条件理解创新精神,从而在教学工作中培养具有创新精神的人。对此钱伟长有一段名言:"你不上课,就不是老师;你不搞科研,就不是好老师。教学是必要的要求,不是充分的要求,充分的要求是科研。科研反映你对本学科清楚不清楚。教学没有科研作为底子,就是一种没有观点的教育,没有灵魂的教育。"[①]可谓掷地有声。

科学教育史表明,许多成功培养出高水平科学人才的世界名校都推崇教学与科研并重的理念,如1810年成立的柏林大学,在洪堡的领导下,

---

① 钱伟长:《钱伟长论教育》,上海大学出版社2018年版,第231页。

提倡学术自由与科研,10年间成为德国乃至世界的科学教育中心。柏林大学的办学模式一时成为德国甚至欧洲大学效仿的典范。据不完全统计,1900—1945年,59%的诺贝尔奖获得者是德国培养出来的。钱伟长曾经工作和学习过的美国的加州理工学院也提倡教学与科研并重,二战期间,物理学家、时任校长密立根(Millikan)认识到,科学是世界发展的发动机,美国未来的发展主要依靠基础科学的研究和应用,在他的领导下加州理工学院迅速崛起,书写了美国教育史上的传奇。

钱伟长学贯中西,汲取名校的办学经验,无论是50年代在清华大学还是后来在上海工业大学以及新的上海大学,他一直积极倡导教学与科研的结合,坚决主张"拆除教学与科研之间的墙"。在1955、1956年科学规划期间,关于高等学校与科学院的定位问题产生了争论。一种观点认为高等学校必须搞科研;另一种观点认为高校与科学院要分工,高校只负责做培养学生的教育工作,科学院专管科研。虽然这场争论没有定论,但是它的影响非常大[①]。后来,邓小平同志提出大学应该是两个中心,既是研究的中心又是教学的中心。因此有的学校就产生了两批教师分头进行工作,一批专门教学,一批专门搞科研。

对此钱伟长旗帜鲜明地反对,反对在大学里形成两支队伍、人为地把教学与科研分开。在1995年12月上海大学中层干部、教授会议上,他说:"将来我们国家的学校有两种:一种是教学、科研并重的学校,一种是单纯教学的学校。我觉得后面那种是不合适的,纯教学大学称不了大学。"他还强调:"没有教出好的学生,我们学校不算好。没有好的科研成果,没有大量科研成果,我们的教师队伍是提不高的。"[②]钱伟长指出教学与科研是相辅相成的,教学需要科研做支撑,科研也可进一步促进教学。大学教师只有边教学,边根据国民经济的需要搞科研,才能把科研的成果运用到教

---

① 方明伦主编:《钱伟长教授九十华诞纪念文集》,上海大学出版社2003年版,第138页。
② 钱伟长:《谈人才培养》,载《钱伟长文集(下卷)》,上海大学出版社2013年版,第1160页。

学中,提高自己的业务水平,提高学生的学习质量。同时,钱伟长认为大学教师不能局限于书本知识,不能"泡在书本里",而要多接触社会,联系实际,通过做科研使自己清楚所处学科的最新动向,只有这样才能提高教学水平,才能培养出好的学生。因此培养学生和自己做科研目标是一致的,最终都是为推动科学进步,促进社会发展,培养先进文化、先进生产力的代表,从而完成党赋予的培养教育人的重要任务。

钱伟长认为,那些坚持教学与科研分家的观点的人,往往没有看到教学与科研是矛盾着的共同体,它们既存在矛盾又相互促进。实践证明,教师从事科研是提高教学质量的最可靠的保证,因为教师从事科研活动可以开阔眼界,了解其所从事专业领域的发展状况、存在的问题、有无解决的办法、如何解决等,这样可丰富该专业、学科的内容,使之不断往前发展,而且教师在从事科研活动时的创新精神、科研方法、人格魅力都会给学生潜移默化的影响,促进学生的发展。同时,搞科研的人对基础课中一些基本概念的认识,一般要比不做科研工作的人深刻,因为他们有自己的观点,而且有许多新的发展,知道这些观点怎样使用,因此能讲得深刻。而那些靠教一本书过一辈子的人,与念经的和尚没什么两样,并且这样"教死书"的水平,缺乏发展观,只会贻误青年一代。

钱伟长到上海工业大学后,经常与教师们座谈,对教师提出"三个一"的要求:要主讲一门主干课,要有一个科研课题,要联系一家工厂和在厂里义务兼一个职务。另外他经常鼓励教师要确立远近结合的科研目标,近期目标是能解决社会生产中碰到的若干问题中的一部分,还需要有长远眼光的人做远期的工作,这样教学能搞好,科研也能搞好,队伍也能成长。

新上海大学成立后,开展了广泛的国际交流与合作,不间断地派遣教师出访进修,开设多种学术论坛,邀请名家前来讲学,学术氛围日益浓厚。在钱伟长教学科研并重思想的指导下,上海大学成为上海重要的科学研究和高新技术开发基地,科研实力在全国高校中处于先进水平。

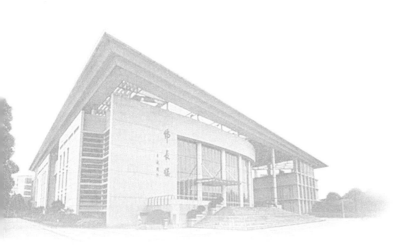

第四章　钱伟长的人才观

第一节 爱国主义教育的思想

上海大学的师生都非常熟悉钱伟长的一句名言:"我们培养的学生首先应该是一个全面的人,是一个爱国者,一个辩证唯物主义者,一个有文化艺术修养、道德品质高尚、心灵美好的人;其次,才是一个拥有学科、专业知识的人,一个未来的工程师、专门家。"[1]这是钱伟长对他的人才观的高度概括。

钱伟长曾多次在不同场合强调爱国主义教育的重要性。他认为:"……爱国主义教育是一切教育工作的前提,贯彻爱国主义教育是目前教育工作的中心任务。我们绝对不能把爱国主义教育和某一专门的业务教学分开来看,把它单纯地看作只是现阶段的一个政治任务。因为,只有我们把爱国主义教育贯彻到每一业务教学中去,才能达到提高业务的目的,才能很好地完成培育青年的任务。"[2]这是钱伟长在1951年针对物理教学与爱国主义怎样结合的问题提出的观点,时至今日仍不过时。钱伟长认

---

[1] 钱伟长:《论教育》,上海大学出版社2006年版,第62页。
[2] 钱伟长:《物理教学与爱国主义教育的结合》,载《钱伟长文集(上卷)》,上海大学出版社2013年版,第43页。

为,培养全面发展的人,首要的是要培养爱国精神,并将能否培养具有爱国主义精神的人才看作我国高等教育成败的重要标志。他认为:"我们要培养学生,对国家、社会、民族有责任感。我们的学生如果没有责任感,整天只是考虑自己的小的利益,如经济生活好一点、地位高一点,那就不能担起跨世纪的重任。我们要学习革命老一辈,他们牺牲个人、牺牲一切,为了民族的斗争获得胜利。我们要培养一批大公无私的人。个人、家庭是私,私要考虑,国家并不是没有考虑,但大公更重要,要考虑整个民族和国家。如果学生不能很好地理解这一条与做到这一条的话,那我们的教育是失败的。"①

无论在什么场合,钱伟长都强调爱国主义教育的重要性。在上海大学招生工作会议上,钱伟长提出结合招生工作进行爱国主义教育,希望同学们能在需要的时候牺牲自己,为国家为民族增强自身的实力,要清楚认识到如果国家不强大,民族不兴旺,个人利益也就没有保障。对于在教学中如何贯彻爱国主义教育,钱伟长认为,应在教学中将我国前辈们在科学领域的贡献介绍给青年,培养他们的民族自豪感,将教学与我们的生活紧密联系起来,让青年人了解祖国的伟大前程,培养他们热爱祖国的情绪等。另外,钱伟长认为青年人在学习的过程中,应时刻关注国家的发展,树立振兴祖国的远大理想。针对片面追求教育功利价值的教育观念,钱伟长提倡的爱国主义教育具有很重要的现实意义。

钱伟长用自己的一生诠释了爱国主义的真正含义,并使之成为自己一生致力于教育和科学的深层动因。他始终认为:"我们知识分子对民族的兴旺是负有责任的,我们的责任是把本职工作做好,尤其是现在。不要只考虑个人的问题,一定要把国家利益放在第一位……只要把国家放在第一位,很多事情也就容易解决了。"②钱伟长刚上大学时,在九一八事变

---

① 钱伟长:《培养跨世纪的一代新人》,载《钱伟长文集(下卷)》,上海大学出版社2013年版,第1136页。
② 钱伟长:《教育和教学问题的思考》,上海大学出版社2003年版,第169页。

后全国爆发的科学救国热潮的影响下,他毫不犹豫地弃文从理;抗日战争胜利后,他毅然放弃在美国优越的工作条件、舒适的生活环境,回到了祖国的怀抱,他用自己的实际行动向世人表明中国知识分子有"民族自尊心,民族自豪感,承认落后,不甘落后,要解决这落后问题,宁愿牺牲自己在国外的舒适生活"[1];回国后,他在四处奔波,难以维持生计,只能向同事借贷度日的窘迫情况下,有了回到冯·卡门身边工作的机会,但他在填写赴美申请表时在"若中美交战时,你是否忠于美国"一栏中填上了"No",最后以拒绝赴美了事;在他全身心地投入新中国的建设事业时,他成为被批判的对象,但他却从未放弃科研工作,继续在"地下"进行;改革开放以来,虽年事已高,他仍夜以继日地奋发工作,希望"以自己的点滴汗水,汇入祖国建设社会主义波澜壮阔的奔腾洪流中"[2],补偿失去的26年的珍贵年华,即使到九十高龄仍亲理校务,坚持奋斗在教育一线。

---

[1] 钱伟长:《教育和教学问题的思考》,上海大学出版社2003年版,第136页。
[2] 钱伟长:《八十自述》,海天出版社1998年版,第114页。

第二节 通才教育的思想

随着时代的发展,社会对人才的要求愈来愈高,回顾近现代特别是新中国建立以来我国高等教育的发展历程,我们可以发现一些明显的弊端,如:过弱的文化陶冶、过窄的专业定向、过强的功利追求、过重的共性制约等[①]。以致高校培养人才与社会脱节,人才的素质特别是文化素质严重滑坡。对此钱伟长很早就提出了自己的看法。

首先,钱伟长认为专业设置不能过细,必须加强基础知识的训练。新中国成立之初,我国受到帝国主义的封锁和包围,又缺乏建设社会主义的经验,当时只有苏联共产党领导的第一个社会主义国家的经验可以借鉴。因此,从1950年开始在全国教育界掀起了学习苏联的先进教育经验的高潮。学习、借鉴苏联的教育经验是全方位的,从培养目标、学制、专业设置到教学计划、教学大纲、教育方法、组织机构和师资培训等,都参照了苏联教育工作的一套做法。在全面否定了旧大学中只有院系之分而无专业之

---

① 文辅相:"文化素质教育应该确立全人教育理念",《走出"半人时代"———两岸三地学者谈通识教育和文化素质教育》,高等教育出版社2002年版,第34页。

别的"通才教育"之后,学习苏联实行"专才教育",即在学校中普遍设置各种专业,使其"能有效地为国家经济建设服务"①,使学生能够学有所用。1952年院系大调整以后,我国大学的格局以工科大学和单科性学院为主,以培养对应于计划经济某个部门需要的专门人才为目标。

针对这种情况,钱伟长在《人民日报》上发表了《高等工业学校的培养目标问题》一文,提出:我们并不是说在什么情况下都不能分得较细,制定目标,按计划来培养。但是,这只有在工业发展比较定型的情况下,按不变的比例发展着,技术上没有什么革命性的变化时才是可能的。像1930年间一些较成熟的专业就有过这样的稳定情况。但是我们的国家的具体情况不是这样的,国家的工业发展的比例起着急剧的变化。我们今天处于一个技术迅速发展变化的时代,不仅每月都有新的技术部门在形成,就是一些比较成熟的部门,也不断受到新技术的撞击而起着根本性的变革,工程技术的发展愈来愈取得科学基础的支持。分工过细,对学生进行过分刻板的培养就很难适应这样的要求。② 由于过分地强调了学生出门就做工程师的要求,一方面,专业课就显得庞大复杂,把一切纯经验性的专业生产知识不加选择地搬进了课堂;另一方面,忽视了基础理论课和基础技术课必须有足够的课外时间让学生进行独立自学的原则,学生在学校内根本缺乏独立工作的机会和时间。由于过分强调专业课,以致基础技术课这样重要的环节,不论是在师资上还是在教学工作上都过分地削弱了。因此如果我们能够放弃使学生一毕业就当工程师的要求,而把高等工业学校的训练看作工程师的基础训练,这就给我们培养祖国更高质量的工业建设人才提供了可能性。所以我们应该加强基础训练,放弃一些过多的同时可以不必在学校内学习的零碎的纯经验性的专业知识。首先应给予基础理论课足够充分的课外

---

① 马叙伦:《五年来新中国的高等教育》,载《人民教育》1954年第10期。
② 钱伟长:《高等工业学校的培养目标问题》,载《钱伟长文集(上卷)》,上海大学出版社2013年版,第192—194页。

自学时间,使学生通过足够的独立工作能够巩固基础理论知识并且做到运用熟练。这里不一定需要增加这类课程的课堂教学时间,但有必要拉长它们的学习期限;其次要加强基础技术课的训练,尤其要注意这些训练的熟练性。有些课程的课堂教学时间应该恢复到必要的数量。所有基础课程的试验训练也应该大大地加强。在专业课里,应该提高主要专业课的讲课质量,保证必要的典型性的和广泛经济意义的生产实际知识。其他非主要的、枝节性的专业课程和一般专门化课程,应该大量精简,或是取消,或是改为选修,或是把非讲不可的主要内容并入主要专业课中讲授。有些必要的资料性质的教材,可以印发给学生,作为训练中的参考。生产实习、课程设计和毕业设计在原则上应该保持,过多地、过分烦琐地进行教学,灌输给学生以百科全书那样多的知识,并不能达到提高质量的目的。

钱伟长的观点,放在当时不容置疑地"向苏联学习"的社会氛围中,自然引起了很大的争论,但时至今日,重新认识当年的院系调整就会发现钱伟长的观点是完全符合社会发展规律的。

其次,钱伟长提倡理工合一。社会日新月异的发展,需要高等学校培养出具有宽厚的基础知识、基本技能和广泛适应性的复合型人才。对此,钱伟长1998年在《学科的融合将形成完整的科学体系》一文中又一次提道:"我认为自然科学、技术科学、社会科学与人文科学传统的学科分界即将消除,它们将会结合成一个完整的科学知识体系。不同的学科之间不再是'隔行如隔山',而是相互'取长补短'。这种科学的结合,就是世纪之交科学发展的特点之一。"他还指出:"学术的综合化发展,要求高等教育结构也向综合化的方向发展,要求建立各种灵活的能满足学科综合化发展要求的教学计划。那种把学科与学科之间界线划分过严、各种专业分工过细、互不通气的孤立状态必须打破。长期以来,在我国形成的理工分家、文科和理工农各科分家的现象,业已明显地影响着培养建设四化人才的质量,现在已经到了非改革不可的时候了。高等教育的综合化将是新时期高等教育的重要特征。"① "我们主张综合型的,我们主张学生的知识面要广,在广的基础上提高,在广的基础上专,才能提得高,专得有水平。我们主张理工合一,文理渗透,反对现在国内中学就文理分家的现象",因为"只有综合型的人,才是国家的栋梁"。②

1998年3月24—26日,教育部在武汉召开了第一次全国普通高等学校教学工作会议。会议指出,我国高等教育在计划经济体制下形成的一整套人才培养体系和教育观念,已经不能适应我国社会主义市场经济体制的新要求,也不能适应世界科学技术的新趋势和新特点。突出的问题是,"专业口径过窄;人文教育薄弱;教育模式单一,教学内容偏旧;教学方法过死"。决定同时进行教学改革和专业调整,全国本科专业要缩减一半。显然,国家教育主管部门已经意识到专业分得过细等存在的弊端,也从一个侧面表明钱伟长观点的正确性和前瞻性。

最后,钱伟长认为文理渗透很重要。因为理工科学生也必须懂人文科学,必须具备一定的文学艺术方面的素养,否则他们有可能给四化建设造成不应有的损失。③ 这是钱伟长在1985年6月就大学生文化艺术素养问题对《文汇报》记者发表的看法,他还很痛心地提到洛阳发生的建筑工程师在施工中炸毁古墓、山东一位化工工程师把珍贵化石标本当作催化剂开采等事件,并尖锐地指出:"对这个问题必须予以充分的注意。"钱伟长认为,随着时代的发展,对人才的要求愈来愈高。大学生知识结构不完善,人文素质偏低的现象令人忧虑。产生这种现象的突出原因是过于重视专业知识、专业技能的培养,而忽视了一般文化知识的教育,因而出现了一些缺少文化知识的科技工作者。理工科院校应把学生培养成知识结构完备的人,专业技术与人文科学素养缺一不可,理工科的学生要学点文史、经济、管理及其他社会科学知识。而提高学生的人文素质,不仅有助

---

① 钱伟长:《教育和教学问题的思考》,上海大学出版社2003年版,第90页。
② 钱伟长:《教育和教学问题的思考》,上海大学出版社2003年版,第360页。
③ 钱伟长:《谈全面培养合格的社会主义建设人才》,《文汇报》1985年6月10日。

于完善他们的知识结构，使他们更好地理解和表达科学知识，增加在科学技术上有所创造和突破的因素，而且会对他们的世界观、人生观、价值观产生重大影响。

钱伟长所提倡的加强基础知识的训练、理工合一、文理渗透的思想正是通才教育的主要内容，通才教育犹如工程师盖大楼的奠基工作，是高等教育的主要内容之一，不开展通才教育，那么高等院校就成为培养普通工人的职业学校乃至训练手工匠师的作坊。学生接受了通才的教育后，以一定的知识领域为基础，向外迅速吸取各种文化领域的营养，用适应时代的文化内容来充实自己，扩大自己的知识范围，使心灵的内涵不断加宽加深，生活的意义及价值也将变得丰富多彩起来。

因此钱伟长在出任上海工业大学校长后，果断地提出拆掉"各学院与各专业之间的墙"，强调学科交叉，夯实基础，淡化专业，注重科学素质教育与人文素质教育的交融，立足培养复合型人才。在这一思想的指导下，他在上海大学做了大量的工作。在学科专业设置上力求跨度大、覆盖面宽、文理渗透、艺体加盟。学校还从2000年开始，组织全校本科专业的教师进行广泛调研，了解社会需求与专业发展前景，剖析专业现状，并据此拓宽专业口径，调整专业设置，为学生提供的双学科、双学位、主辅修等多种受教育的形式，使越来越多的学生成为基础宽厚的复合型人才。另外，学校还为理工科大学生创造学习文史知识的条件与气氛；邀请多位艺术名师到校指导，如剧作家黄佐临、音乐家贺绿汀、国画家王个簃、影视艺术家谢晋等，并在1999年成立了上海大学实施艺术素质教育的专门机构——上海大学艺术中心，负责整个上海大学学生的艺术素质教育工作及大学生艺术团体的建设与发展，鼓励和支持学生成立各种文化艺术社团。这一系列措施始终践行着钱伟长通才教育的教育思想。

第三节　体育教育的思想

一、学校体育

钱伟长认为体育教育是全面培养合格的社会栋梁的重要部分,因为在运动场上不仅可以培养运动员的身体素质,而且能健全他们的人格,锻炼他们的意志,培养与他人合作的团队精神,提高他们在比赛时分析形势、迅速决断的能力,同时还能帮助他们发现并克服自己的弱点即战胜自己,这些都是大学生素质教育不可缺少的部分。因此钱伟长一直提倡体育教育。

二、教练员问题

钱伟长认为一个合格的教练员应该了解人体各部分的机能,比如肌肉、呼吸、心脏,懂得调节身体的各个部分,懂得如何进行运动而不受伤。懂得心理学,懂得在平时的训练中提高运动员的心理承受能力。对于一些强攻式的运动项目的训练,教练员应根据每个人的具体情况来决定运动量,不能超过该运动员的极限,另外还要注意营养,保证健康,因为许多运动员还是孩子,要考虑到他们今后体格的成长。

钱伟长还强调，体育和其他学科一样是一套系统的完整的科学，因此教练员不只是培养运动员的运动水平，还要能系统地传授体育学科的知识，培养运动员在德、智、体诸方面全面发展，这有利于运动员进入社会后能很快地适应社会的需要并开展工作。

1983年，钱伟长在出任上海工业大学校长后，果断地决定把学校投资的六分之一用于体育健身设施。钱伟长出任上海大学校长后，上海大学的体育硬件设施处于国内同类学校先进水平，截至2007年，学校就已拥有室内外教学、训练、比赛场地共134 874平方米，体育馆1个，训练馆3个，游泳馆1个，室外游泳池2个，田径场5个，篮、排球场63个，网球场22个，还有沙滩排球场2个，手球场1个，健身房3个，活动中心1个。为了进一步提高学校群众体育运动水平，促进大学生身体素质的提高，增进各院、系之间的体育交流，两年一度的"上海大学体育节"截至2007年已成功举办了七届。上海大学的大学生运动队也表现不俗，男子排球队在1998年取得全国大学生比赛甲、乙组冠军，1999年获全国乙组联赛第一名，2000年、2004年分别获第六、第七届全国大学生排球比赛冠军，学校被上海市体育局和上海市教委授予"体教结合"试点高校。2001年，上海大学校领导确定了以"普及学校体育活动，发展素质教育"为今后运动队的发展方向，准备组织普通学生层面的高校各类比赛，为普通学生创造公平竞争的机会，带动全校体育运动的发展。

第五章　钱伟长的教学观及其实践

第一节　本科生的教与学

钱伟长曾就教与学的问题在全国各地做了很多次的报告。他认为，"教"与"学"本来就是一对矛盾，"教"虽有指导作用，但毕竟是外来因素，"学"才是内在因素，学生只有通过主动的学习，才能把所学的知识变为自己的知识，高等学校应该把学生培养成有自学能力的人，在工作中能不断自己学习新知识、面对新条件能解决问题的人。①

一、教师的教：改革传统的教学方法

教学是培养人才、实现教育目标的基本途径，而传统的教学方式偏重于传授知识，忽视对学生能力的培养。世界科学技术和文化学术飞速发展，人们原有的知识很快老化过时，那种认为学生只有通过老师"教"才能"学"的传统教育思想，已不能满足当前高等教育的需要，从而应该逐步加以改革。"大学教育的过程，就是要把一个一个需要教师教才能获得知识的人，培养成在他毕业时不需要教师也能获得知识、无师自通的人。

---

① 钱伟长：《八十自述》，海天出版社1998年版，第99页。

不教不会,说明你办教育的失败。"因此,钱伟长认为改革传统的教学方法,注重培养学生获取知识的能力已是势在必行。

首先要改革的是教学方法。钱伟长认为教师的教不仅要把知识教给学生,而且要把获取与处理知识的能力教给学生,正所谓:"授人以鱼,不如授人以渔。"因此大学的教学方式应该是教师循循善诱引导学生自学,通过四年的学习使得学生从被动接受转到主动学习,引导学生自己去获取知识,而不是一切知识都放在课堂里讲。他举了一个生动的例子来比喻:教学生学习就和教小孩学走路的道理是一样的,家长总抱着,小孩永远也学不会走路,家长应该离小孩一段距离放手让他自己走,尽管刚开始会摔跤,但摔几次后,再爬起来,小孩就会自己走了。

因此,钱伟长在上海工业大学及上海大学大力提倡教学改革,主张一门课只讲核心精华的部分,知识性的东西留给学生自己看,并指定一些自学的材料,让学生自己学习、自己思考,逐步培养他们的自学能力,因为不可能用传授知识的方法让学生学到全部学问,却可以让他们在掌握一定基础知识的条件下,培养出自学能力和分析解决问题的能力,这样学生毕业后就能勇敢地面对未知领域的挑战。

其次要改革教学内容。以往教师在教学中展现给学生的往往是一个完美无缺的系统,这其中一切都是"神圣不可侵犯"的。学生只能产生敬畏感,只能照搬套用,这不利于培养学生独立思考的能力,钱伟长认为,好的教师应该在将正确的知识传授给学生的同时,将存在的问题告诉学生,使之了解到所学知识是不完备的,是有条件约束的,这样学生就会了解自身学科领域内存在的问题,认识到还有大量的矛盾和问题需要他们去探索去解决。

另外,钱伟长还主张将案例教学引进文、法、管理、经济等社会科学的课堂,改革传统的"理论到理论"的教学方法,在教学中选取合适的案例来说明"实践是检验真理的唯一标准",而不是从理论到理论,不提供实践的例证,使学生不知所云。案例教学法是教师和学生一起,共同参与对实际案例的讨论和分析。采用案例教学,教师的角色和责任与传统教学中不同,并非只是负责将课本的知识表述清楚地传授给学生,而是课前教师要有针对性地选择教案,课堂上教师要领导案例讨论过程,不仅要引导学生去思考,去争辩,去做出决策和选择,去解决案例中的特定问题,进而从案例中获得某种经历和感悟,而且要引导学生探寻特定案例情景复杂性的过程及其背后隐含的各种因素和发展变化的多种可能性。教师必须不断地进行案例更新,要使案例教学跟上时代的要求并反映当前的教育实际,如果案例不更新,多年不变,那么,学生也只能处理几年前的事情和得到几年前的知识案例。

采用案例教学,学生也由传统意义上知识的接受者转变成为积极的参与者。因为他课前必须仔细阅读教师指定的案例材料,进行认真分析和思考,据以做出自己对真实生活的决策和选择,并得出现实而有用的结论。在课堂上,必须积极发言,讲出自己的思路和结论,并与他人展开争辩,从模拟的决策过程中得到训练。这样,学生学到的知识就不再是本本上的教条,而是活的知识以及思考问题、解决问题的方法和能力。为此上海大学出版社组织出版了"上海大学案例教程丛书""马克思主义理论与政治思想教育系列教材"。这两套丛书从案例教学的角度做了初步尝试。

最后是改革教学教材。以往教学都是采用统一的教材、统一的教学计划,导致一些教师每年都讲同样的内容,而我们的学科却在飞速发展,因此钱伟长反对那种讲课没有自己观点、照本宣科的教师,提倡在教学中百家争鸣,建议教材不仅不能统一,还要在授课的过程中不断补充新内容。教材作为一个教师教学经验的总结,可以允许它们不一样,毕竟两位教师不可能持完全一样的观点,尤其是经验丰富的教师,观点就更不一样。随着时间的推移,有的会淘汰,有的会前进,有的会互相渗透、互相吸收。2002年,上海大学在文学院开了4门导论课,包括社会学、中国文学、历史学和档案学。每门课由几位教授讲课,有的多达10人。每位教师独立介绍对这门学科的认识、自己的学科方向,学生选择自己感兴趣的方向写一篇读书报告,由相关授课教师批改并给出成绩。通过这样的课,学生会发现,原来还有那么多不同的看法,还有那么多的问题要解决,从而可能激发自身学习的兴趣。

二、学生的学:正确的学习方法是关键

正确的学习方法对学生而言至关重要,因为正确的学习方法可以提高学习的效率,但学习方法问题长期以来在教育界是一个有争论的问题,不同的教育工作者基于个人的认识,所提倡的具体学习方法各有不同。钱伟长根据自己当学生和做教师的亲身体会总结出了一套学习方法,并加以提倡。

首先不能死记硬背。孔子说过"学而不思则罔"。对此,钱伟长有着深刻的体会。1931年,钱伟长进入清华大学物理系学习,因在中学偏重文科,上大学后,他仍然采用背的方法学习,结果每周20分钟的课堂测验竟连续7个星期不及格。吴有训教授非常关注钱伟长,把他的困境、焦虑全部看在眼里。吴有训教授告诉钱伟长"学物理不像学中文,不要追求文字的记忆硬背,而要体会其严格的概念,要学通,通就是懂了,懂了才能用,用了就自然记得了"[①]。在吴有训教授的指导下,钱伟长逐渐掌握了科学的学习方法,并终身受益。钱伟长告诫大学生不能死记硬背,因为"如果一个人只会把死记硬背的东西拿来套用,他就不是实事求是,不是按具体情况来处理问题,这样的人,对我们的国家是没有多大用处的"[②]。

其次要在老师的引导下培养自己独立的自学能力,因为"自学是知识更新的通道,是一辈子的求知途径"。钱伟长认为一个人在大学的四年能否养成自学的习惯、掌握自学的本领,不但决定他能否学好大学的课程,还影响到他毕业以后在自己的工作岗位上能否不断更新知识,进行创

[①] 钱伟长:《怀念我的老师吴有训教授》,载《钱伟长文集(下卷)》,上海大学出版社2013年版,第861页。
[②] 钱伟长:《教育和教学问题的思考》,上海大学出版社2003年版,第100页。

造性的工作,为国家做出更大的贡献。毕竟在大学里学到的知识有限,走上工作岗位后各种情况都会遇见,仅靠在大学里学到的知识根本无法达到现代社会对人才的需求标准,因此必须学会自学,随时根据需要更新自己的知识。钱伟长还根据自己的切身体会总结了两个自学"法宝"。一是在学习时懂得顾全大局。在学习的过程中,总会遇到以自己现在掌握的知识还不足以理解的问题,可以选择先暂时绕开,等到后面弄懂全局时,细节自然就解决了。这就像一个人走路,总会遇到石子、土坑等障碍,如果等捡完石子、填平所有的坑后再走路,就会耽误整个行程,所以应该选择绕开它,继续该走的路,最终到达目的地的时候,那些障碍物也看不见了。"这叫先弄懂全局,在全局中再去挖掘细节,次要的细节也不要去管它。"① 当然在学习中遇到"小石子"的时候,在选择绕开时,应该将它记下来,便于日后一个个解决。二是在学习的过程中不断总结,将学过的东西系统化,真正变为自己的东西。钱伟长的师弟、著名的力学和应用数学家林家翘在上大学时就非常善于总结。他不仅每天上完课将自己的笔记整理一次,写出摘要,而且每个月用简洁易懂的语言再整理一次,将所有的内容综合起来。一个学期结束时,一门课的笔记只有十几页,但全部是经过思考后自己总结出来的,因此林家翘的成绩在班里总是名列前茅,是清华有名的高才生,因为总结的过程就是将知识消化吸收并不断加深理解的过程。有趣的是,林家翘的笔记还帮了钱伟长和郭永怀的忙,在参加中英庚款考试的时候,因抗日战争时期时局动荡,钱、郭的书籍笔记都丢失了,只好借林家翘的笔记看。他们发现林家翘的笔记是把学到的知识经过自己的消化吸收后浓缩成系统的东西,要点非常清楚,这对钱伟长帮助很大,由于钱伟长、林家翘和郭永怀经历过类似的受业过程,又有相近的智力和才学,再加上以同样的资料复习应考,这也就难怪三人同时考取第七届中英庚款留学生了。林家翘定期总结的学习方法也因此备受钱

---

① 钱伟长:《教育和教学问题的思考》,上海大学出版社2003年版,第37页。

伟长的推崇。

现在上海大学已经明确做出要求，将自学能力作为一个合格的本科生的要求。无论哪种学科专业，当你毕业时，对成熟的经他人总结的知识不需要老师教自己就能学会，达到这样的水平才是一个合格的本科生。

第二节　研究生的培养

在我国本科阶段的教育是大众化教育,本科生参与科研活动的机会较少,而研究生学习阶段由于会参与导师的研究课题,因此对研究生的培养,钱伟长认为首先应该培养其调查研究能力。这种调查能力对于文科学生来讲就是社会调查,而对于理科学生来讲就是文献调查,对于工科就是生产实践调查,都是对所研究领域正在发展的东西进行调查研究,然后总结现有和自己准备研究的课题相关的科学经验和科学理论,为自己提出观点做准备。

其次要引导研究生在总结前人工作的基础上提出自己的观点,这些观点有些可能是不对的,有些观点可能是老师也没有想到的,是寻找问题做而不是由导师直接给定,这里硕士研究生可在导师的指导下完成解决问题的任务,但对博士研究生的要求要高,应由博士生自己独立去寻找解决问题的办法,导师只负责把关,看看所提的问题能否在现有的条件和时间里完成。这样做主要是训练博士生自己发现问题和解决问题的本领,培养他独立从事科学研究工作的能力,如果没有这样的能力,所谓博士就徒有虚名。

钱伟长认为学术研讨课(seminar)是培养研究生的一个重要方式,因为科学集中了人类的智慧才得以发展,用研讨会可激发学生积极思考。钱伟长身体力行推行这一形式。1984年,他创办了上海市应用数学和力学研究所后,以"请进来,打出去,加强学术交流"为办所宗旨,使seminar制度化并使其大行其道。在上海市应用数学和力学研究所每周四雷打不动地举办seminar,规定所有研究人员和研究生必须参加,并给研究生记学分。截至2007年10月31日,该所已经举办了641期seminar。来自国内外的专家、知名学者及所内研究人员在seminar上报告自己近期研究工作的进展,研究所人员足不出户就能了解国内外应用数学和力学的发展动态。

钱伟长还要求参加seminar的人员必须踊跃发问、积极参加讨论。他经常对学生说:"你们应该有满脑子的问题,而讨论班是提问题的好机会。记住:不存在愚蠢的问题,提问题永远是聪明的。"在钱伟长的倡议下,研究所内各分支学科的带头人纷纷在自己的课题组内每周举办小型的seminar。Seminar通常都在晚上进行,因此每晚研究所里灯火通明,大家在无拘无束的氛围中细致地讨论问题,各抒己见,许多问题迎刃而解。这种培养形式使得研究所内大批年轻人受益匪浅,迅速成长;一些离开研究所后出国深造的人员,很快就能适应国外新的学术环境,深感研究所对他们开放式的培养的益处;很多从研究所毕业的研究生迅速地成长为单位的学术骨干。

对于研究生阶段的学习,钱伟长认为要采取不同于本科阶段的学习方法。因为本科生在学校学习的知识绝大多数都是前人总结、提炼、系统化了的,而研究生接触到的知识很多都是正在发展中的,有不少还是存在争议的。这些知识大都以论文的形式发表在各种期刊上。因此,钱伟长认为研究生首先要学会从各种各样的文献里获取自己所需的材料,这些材料包括两种:一种是所关注课题的经典著述,通过阅读经典著述可以追本溯源,搞清问题的来龙去脉,另一种是与课题相关的最新文献,有助于了解该课题的最新进展动态。

其次,找到自己需要的资料后,要会读这些资料,并能很快将这些资料中最核心最有用的东西整理得有条有理,跟原来学的东西挂上钩,同时要舍得放弃那些与自己的研究问题相关性不大的文献,这需要研究生学会看论文的本领。钱伟长认为,浏览文献时,首先要看论文摘要,摘要是一篇文章的提要,通过阅读摘要就能知道文中有没有新的见解,如果有就可以继续看引论,引论里有问题的来龙去脉,最后看结论,这样就可以对文章的内容大体上有个轮廓了,只需对有价值的文献进行精读。同时"论文要常常看,而又会看,因为论文都是第一线问题,有的部分你看不懂,因为你过去没有学过这一方面的东西,怎么办?跳过去。大的东西理解了,小的东西自然会解决,你走路用不着等路上的小石头都捡完了再走,不需要的,跳过去,绕过去,爬过去就完了。总的你要掌握,不要一字一句都去抠,要不然你没那么多时间。念论文注意这么几条:要节省时间,抓它最重要的东西,抓这篇论文的特色,作者自己会说的;文中提出了什么新的观点,这你非要理解不可;用了什么新的方法,老的方法你不用看;得到了什么结论,这个结论要看清楚;好的文章会讲还遗留了什么问题"①。

钱伟长还认为,研究生除了学习导师指定的科目外,还可多选课,要尽可能做到知识面宽、阅读面广,不要局限于本专业,更不要局限于自己的研究方向。因为真正有创新精神的人必须眼观四方,对于各种进步都要去了解,使之为自己的工作服务,创新精神有一条,要借别人的刀来杀自己的猪,所以对科学各方面的进步都要很关注,只有这样的人才会有更多的创新精神②。

钱伟长还是教育思想的实践者。他善于因材施教,认为只要教育得法,什么样的学生都可以培养成有用的人才,因此从不挑剔前来报考他研究生的学生,他在20世纪50年代培养的研究生如叶开沅、胡海昌、陈至达、顾求琳、樊蔚勋、潘立宙、薛大为、卢文达等人,后来都成了有作为的力学工作者。

---

① 钱伟长:《研究生如何学习和写论文》,载《钱伟长文集(下卷)》,上海大学出版社2013年版,第1037页。
② 钱伟长:《跨越世纪》,上海大学出版社2002年版,第168页。

第三节　推行"三制"[1]

长期以来,我国的教学管理制度是学时制、学年制和班级授课制。这三种制度是计划经济体制的产物,它对人才的培养制定了统一的规格,实行了统一的安排、统一的要求和统一的管理,这种制度是用实践和课程数量来测量和控制教育量和学习量。改革开放以来,随着我国社会主义市场经济体制的逐步建立,学时制、学年制和班级授课制的弊端显现出来,诸如:培养模式统一,不利于因材施教和学生个性的发展,学生知识结构比较单一,知识面偏窄,不能满足复合型人才的需要;课程的学时一般比较多,不利于充分发挥教师的潜力,缺乏竞争机制;学生缺乏自主学习的积极性;等等。钱伟长十分清楚地看到了这一点,鉴于选修制"打破了传统课程的垄断,大大增加了新课程的数量,特别是科学技术课程的数量;有助于摆脱保守势力的控制和束缚,维护学术自由的权利"[2],他借鉴西方发达国家的经验,结合我国高等教育的实际情况,在上海工业大学创造性地

---

[1] 叶志明、宋少沪:《钱伟长教育思想在我校教育教学改革中的实践——浅论与时俱进的上海大学"三制"特色》,载《上海大学学报(社会科学版)》2006年第1期。
[2] 荷国庆、华筑信:《国外高等学校课程改革的动向和趋势》,河北大学出版社2000年版,第4页。

推出了新"三制",即"学分制、选课制、短学期制"。①

一、学分制

上海工业大学在1986年率先试点了"学分制",一直到1994年新上海大学组建后开始全面推行学分制,至今已建构了完善的学分制体系。实行学分制,学生可自主安排学习进程,修满学分随时毕业,即使是在同一专业的条件下,不同的学生也可根据自身的兴趣、特点完成不同轨迹的学习进程,这样有利于因材施教,增强学生的学习自主性。

二、选课制

选课制是学分制的重要实现途径。钱伟长明确指出:选课制不是一种简单的事情,它意味着竞争,只有竞争才能出成果,出水平。"学得特别好的学生,可以多学些,因为选课制,完全可以多选课","选课制的优点可以使学生得到更多的自由度、更多的学习自由权"。②他还对选课制中出现的学生"跳槽"听课、跨年级选课、先修课与后修课如何衔接、必修课和选修课如何协调等一系列问题提出了行之有效的解决办法。在当时,上海工业大学"全面实行选课制是全国独一无二的"③。

学生在选课的过程中,自主选择专业方向、自主选修课程、自主选择讲课教师、自主安排学习进程。这有助于培养学生独立思考、合理安排学习和工作的能力。同时由于学生可以自主选择任课教师,也把任课教师推入了"竞争市场",促使他们提高自身的素质,更新教学内容,改进教学方法,否则就有可能"倒台"。

20世纪30年代初的清华大学实行的就是选课制。当时的叶企孙教授和吴有训教授都鼓励学生选修机械系和电机系的主干课,叶企孙教授有时

---

① 钱伟长:《钱伟长学术论著选集》,首都师范大学出版社1994年版。
② 钱伟长:《教育和教学问题的思考》,上海大学出版社2003年版,第339—340页。
③ 钱伟长:《教育和教学问题的思考》,上海大学出版社2003年版,第217页。

还动员学生选修机械系和电机系的中级技术理论课,如材料力学、热机学和工程热力学、机械原理和电工原理等。钱伟长也在吴有训教授的指导下,选修了许多专业课以外的课程,包括数学系与化学系的主干课程,为他日后从事科研工作奠定了坚实的基础,钱伟长因此认定这样的体制利于人才的培养,从而大力推行。

三、短学期制

钱伟长在上海工业大学期间,把每一个学年分"秋、冬、春"三个理论教学学期和一个实践教学学期——"夏季学期",称之为短学期制,这在国内堪称创举。他指出:"三学期制就是为推行完全学分制创造条件。三学期暑期长一点,可以让大学有更多的时间作准备,把科研、教学内容作些更新,把自己课程的逻辑性加强。"①

实行三学期制后,由于教学时间减少,缩短了理论课程教学周期,促使教师精简理论教学内容,少讲精讲,同时加快了教与学的节奏,增强了学生学习的紧迫感,激励学生自学。因教学实践学期和暑假加起来有13周,使学生有了充分的时间自学并进行社会调查或到工厂企业去实践,有利于学生理论联系实际,培养学生的实践能力、适应社会的能力和创新能力,同时对于不参与实践教学工作的教师有相对集中的时间进行教学和学术研究。这些优点在短学期制实行伊始就凸显了出来。

经过多年短学期制的教学实践,上海大学根据教师和学生的体会和经验编辑出版了《教会学生怎样自学——教授们的思考与实践》《我们是怎样自学的——大学生们的体会与实践》,赠发给每位来上海大学求学的大学生,帮助他们尽快适应快节奏的大学生活。

学分制、选课制、短学期制作为培养学生的重要环节,其实施符合社会发展的规律和对人才培养的要求。目前对实施"三制"(尤其是短学期制)在校内还有不同看法,"三制"正在不断改进、完善之中。

---

① 钱伟长:《教育和教学问题的思考》,上海大学出版社2003年版,第204页。

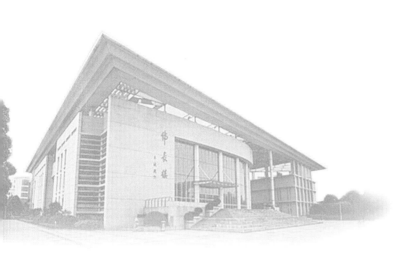

第六章 钱伟长教育思想溯源

第一节　传统文化的熏陶

钱伟长先生投身教育事业长达半个多世纪,积极探索符合我国国情的教育理念,并在上海大学进行了一系列教育教学改革。纵观钱伟长先生的人生历程,我们可以清晰地看到他的教育思想奠基于青年求学时期,形成于参与教学时期,实践于晚年办学时期。一个人的教育思想不会是无源之水、无本之木,追溯钱伟长先生的教育思想之源,我们不难发现,他的教育思想的形成是中西方文化交流与融合的结果。

一、家族的传统

钱伟长出生在江南水乡无锡七房桥村。在江南,钱氏一姓分布很广,主要聚集在江浙两省,多以五代吴越王钱镠为始祖,可以毫不夸张地说,钱氏家族是无锡乃至中国最引人注目的家族之一,因其裔孙代有宋代的词人钱惟演,欧阳修说他"平生唯好读书,坐则读经史,卧则读小说,上厕则阅小辞,盖未尝顷刻释卷也",很有文才;清代的乾嘉学派的代表人物钱大昕,谙熟经史,尤以辞章名闻天下;近代有名的科技界"三钱"——钱学森、钱三强、钱伟长,国学大师钱穆,钱锺书以及原国务院副总理钱其琛、水利部部长钱正英皆属于这个家族。

无锡的钱氏家族历来有重知重教的家风,村上各房皆通文墨,形成了浓厚的文化氛围。钱伟长曾说:"我们钱氏家族十分注意家教,有家训的指引,家庭教育有方,故后人得益很大。"他所提到的家训在无锡钱氏各种家谱中多有记载,全文如下:

个人

心术不可得罪于天地,言行皆当无愧于圣贤。

曾子之三省勿忘。程子之四箴宜佩。持躬不可不谨严。临财不可不廉介。

处事不可不决断。存心不可不宽厚。尽前行者地步窄,向后看者眼界宽。

花繁柳密处拨得开,方见手段。风狂雨骤时立得定,才是脚跟。

能改过则天地不怒,能安分则鬼神无权。

读经传则根柢深,看史鉴则议论伟。能文章则称述多,蓄道德则福报厚。

家庭

欲造优美之家庭,须立良好之规则。

内外六闾整洁,尊卑次序谨严。父母伯叔孝敬欢愉,姊娌弟兄和睦友爱。

祖宗虽远,祭祀宜诚。子孙虽愚,诗书须读。

娶媳求淑女,勿求妆奁。嫁女择佳婿,勿慕富贵。

家富提携宗族,置义塾与公田,岁饥赈济亲朋,筹仁浆与义粟。

勤俭为本,自必丰享,忠厚传家,乃能长久。

社会

信交朋友,惠普乡邻。恤寡矜孤,敬老怀幼,救灾周急,排难解纷。

修桥路以利人行;造河船以济众渡。兴启蒙之义塾,设积谷之社仓。

私见尽要铲除,公益概行提倡。不见利而起谋,不见财而生嫉。

小人固当远,断不可显为仇敌;君子固当亲,亦不可曲为附和。

国家

执法如山,守身如玉。爱民如子,去蠹如仇。严以驭役,宽以恤民。

官肯着意一分,民受十分之惠。上能吃苦一点,民沾万点之恩。

利在一身勿谋也,利在天下者必谋之;利在一时固谋也,利在万世者更谋之。

大智兴邦,不过集众思;大愚误国,只为好自用。

聪明睿智,守之以愚;功被天下,守之以让;勇力振世,守之以法;富有四海,守之以谦。

庙堂之上,以养正气为先。海宇之内,以养元气为本。

务本节用则国富;进贤使能则国强;兴学育才则国盛;交邻有道则国安。①

这份家训尽管有它的时代局限性,但言简意赅,内涵丰富,尤其是它所提倡的爱国爱家、扶老携幼、尊知重教等处世做人的信条,即使现在仍具有重要的教育意义。钱氏祖辈在家训的指引下逐步形成了尊师重教的优良传统,始终遵循"子孙虽愚,诗书须读"的祖训,如钱伟长祖父仅及中年就去世了,留下年幼的子女,家境很困难,钱伟长的祖母依然坚持送子女上学,为的就是"为钱家保留读书的种子"。

二、家庭环境的影响

钱伟长的父祖辈均以教书为业,淡泊名利,给钱伟长非常深刻的影响。祖父钱承沛3次赶考均因病倒而归,索性就绝意仕途,在七房桥设馆

---

① 张仲超编著:《钱氏家训》,线装书局2010年版,"序言"第2—3页。

授徒,学生多时有10余人,少时有七八人。钱承沛教学和以往的私塾不同,他不亲自为学生讲解经籍,只是让来求学的人自相讨论后,他再加以指导评判,与现在的讨论班形式有些相似,这样利于学生自学能力的提高,增强其独立思考的能力。

钱伟长的父亲钱挚,也一直致力于教育活动。他曾在钱氏义庄的支持下创立了七房桥又新小学,并任校长,后相继在荡口鸿模小学、无锡县第四高等小学、无锡荣巷公益学校、无锡县中任教并担任教务主任,为了满足乡村教育发展的需要,他还兴办无锡乡村师范学校并任校长。钱挚热心办学,敬业善教,在无锡教育界享有一定的声誉,在他去世时无锡教育界为他举行了盛大的追悼大会,并称"教育家钱声一先生,服务谨敏,持躬整饬,为同事所推信"。

钱伟长的四叔钱穆一生没有念过大学,靠自学成为国学大师。钱穆学识广博,他的治学范围广及史学与史学史、哲学及思想史、文化学及文化史、政治学与制度史等,可称为百科全书式的学者,香港学术界称他是"博通四部,著作等身"。他先在无锡、苏州等地的小学、中学做了18年乡村教师,然后再走向大学讲台,在燕京大学、北京大学等执教。1949年到香港后白手起家,创办新亚书院。

钱伟长继承了钱氏家族重知重教的传统,教书育人长达半个世纪,始终坚定地站在科学教育战线的最前沿,他说:"我从来没有离开过教育岗位,这是我的天职。"

钱伟长的父亲和叔父不仅投身教育,还陶醉于中国文化和历史,幼时的钱伟长在父辈们的影响下,培养了对古典文学和历史的浓厚兴趣,在没有进小学之前就开始阅读演义小说、《春秋》《左传》以及《史记》《汉书》等。父亲还规定他两天交一篇作文,并由八叔钱文批改。

钱伟长7岁那年,跟随钱穆在后宅镇小学住读,后来钱伟长在苏州中学读书时,钱穆亦在那里任教。在此期间叔侄二人常一起读书,钱穆一边教书一边钻研欧洲文艺复兴时期以来的各种名著,及文、史、哲、经等。钱伟长除上课外，业余时间跟随钱穆读了很多文史典籍。

在父辈们营造的浓厚家庭文化氛围中，钱伟长博览群书，打下了扎实的国学根基，为他文理渗透的教育思想的形成奠定了基础。

钱伟长一直很推崇太史公司马迁"读万卷书，行万里路"的思想，只要环境和身体允许，他每年都有很长时间在中外各地做学术旅行。

他曾和费孝通教授在苏南小城镇进行经济调查，访问了11个县市；他曾对大西北、大西南和老少边区进行了十几次的系统考察；他曾3次去新疆考察水源，并向中央汇报了开发水源的建议；他曾多次到滇西考察，南到景洪、勐海、勐满，西到保山、腾冲、瑞丽，北到丽江，中间地区至大理、楚雄、禄丰等地进行考察，行程近万里并在考察后提出了多条滇西致富的建议；他曾参与提出如何开发黄河三角洲、如何开发闽东经济、西南少数民族地区如何扶贫致富的许多建议……在此期间，钱伟长凭借着深厚的国学功底解决了不少实际问题。

1983年，钱伟长应福建省委书记项南同志的邀请访问福建，并于9月23日参观福州马尾港的工程设施。马尾港因连年泥沙淤积，严重影响航运及码头的使用。钱伟长通过现场勘查后，提出用"束水攻沙"的方法治理泥沙淤积，即在江心抛石筑坝，把河床束窄，将南港的急流引向码头，以冲走积沙。依照钱伟长的办法，马尾建港办只动用了闽江木船搬运抛投乱石，历时一个月，耗资仅百万元，就解决了泥沙淤积问题，"专家一席话，救活一军港"在当地传为美谈。

"束水攻沙"的方法是汉书上记载的祖先们治理水利的方法。在钱伟长的早期文章《中国古代的科学创造》[①]中就曾提道：

> 黄河从上游带着大量的沙粒疾行而下，到了下游，人民都引河水

---

① 钱伟长：《中国古代的科学创造》，载《钱伟长文集（上卷）》，上海大学出版社2013年版，第24—28页。

灌田,使河流慢下来,以致入海的出口渐渐淤塞,于是一到水涨,就不时溢出,造成水患。这样的情形,一直到王莽时(公元9—22年),有位长安人张戎科学地指出了水流流速与沙淤的关系。这个科学的结论,为以后有名的水利工程师王景(汉明帝,公元69年)、贾鲁(金泰定,公元1351年)、潘季驯(明嘉靖,公元1565年)、靳辅(清康熙,公元1677年)等治河的基本原则。他们根据这个原则,创造了'筑堤束水,藉水攻沙'的治水方法。这些工程师们在坚决地执行这个原则时,克服了不少工程上的困难,发动千百万的人民群众,完成了不少伟大的修渠筑堤工程。

钱伟长还根据实际情况创造了另一种"束水攻沙"。1985年,钱伟长受邀前往胜利油田视察,胜利油田的主体部位在东营市境内的黄河尾闾两对侧。在黄河入海口处,由于水域宽阔、流速降低同时受海水顶托,促使泥沙大量沉积而形成潜没于水下,呈门槛状拦在河口的淤积体,这就是拦门沙,正是因为有了拦门沙的存在,冬季枯水期河水宣泄不畅,易于结冰,导致黄河春汛冰凌成灾。钱伟长经两次考察后认为,要防止河口春汛冰凌危害,重要的措施不在于加固堤防,而在于打开河口以外的拦门沙,使河水畅流。为此,他建议用木船载常用救火机,从河口海水中吸水,以水龙头的水枪冲击拦门沙,使其漂起,并随水流运走。这一方法很奏效,拦门沙约5千米宽的一段被打开,从此宣泄通畅,河口段冰凌减弱,使黄河口的港口建设、胜利油田的建设及农田建设获益很大。

钱伟长曾说:"爱国是我终生不渝的情怀。"自幼饱读诗书的他,深受我国古代士人的"先天下之忧而忧,后天下之乐而乐""天下兴亡,匹夫有责"等优秀传统精神的激励,无论是初入清华的弃文从理还是留学期间放弃国外优越条件毅然归国,无论是在受不公正待遇的日子里还是重新获得工作机会后,钱伟长始终以矢志不渝的爱国情怀,按照"一切从国家的需要出发""祖国需要什么我就干什么"这些朴素而崇高的理念去思考和实践着。因此在钱伟长的教育思想中,提到高等学校的培养目标时,他将爱国主义教育放在了第一位,这是中华民族优良传统的一部分。

第二节　名师名校的影响

钱伟长教育思想中关于高校的培养目标,早在其1957年于清华大学任副校长时就已经提出。他主张进行通才教育,这本是清华最早的办学传统,却因此招致不该有的指责和非难,令人欣慰的是在上海大学他不遗余力地推行这一教育思想,事实证明了他的通才教育思想的正确性。钱伟长通才教育的提出源于他自身的教育背景:清华大学的求学经历和海外的留学生涯。

一、清华大学的传统

清华创校之初是一所以人文教育为主轴的学校,目的是在国内有计划的训练、培养出合格的毕业生赴美留学,在筹办之时规定学制为八年,分高等、中等两科(各为四年制),高等科毕业相当于美国大学二年级的水平。在1911年的清华学堂章程中所开的10类课程中,人文社会学科5类,自然科学4类,体育及手工1类,从中可以看出,清华基本上是实行通才教育,这并不奇怪,因为学校的办学宗旨是为留美做准备,它的学制就以学生出国后能适应美国大学的生活为准绳,学校追求的目标是——"把美国的学校整个儿搬到清华园来",因此学校从课程、教材、教法等,几乎是搬用美国学校的。美国是现代通才教育运动的发源地,虽然20世纪30年代美国通才教育运动处于第一阶段,但对留美学生或多或少地会产生影响,归国后的留美生成为推动通才教育的中坚力量。另外在1912—1928年间,清华学校的校长都是留美学生,因此清华从办学伊始就提倡文理并重的通才教育也就不足为奇了。1931年,钱伟长进入清华大学学习,时值清华大学校史上最杰出的校长之一梅贻琦执掌校务。梅贻琦是我国近现代著名的教育家之一。他1909年10月作为首批庚款留美学生之一,入伍斯特理工学院学习电机工程,1915年学成归国后任教清华。他在清华先后任系主任、教务长、留美学生监督直至校长,且连任校长达17年之久。梅贻琦主政清华时认为"大学期内,通专虽应兼顾,而重心所寄,应在通而不在专",提出大学教育应以"通识为本,而专识为末,……通才为大,而专家次之,以无通才为基础之专家临民,其结果不为新民,而为扰民"[①],他保持了清华的办学传统,大力推行通才教育,在课程设置、修业制度、学籍管理、教学方式上推行了一系列的改革,把大学课程部的课程以学分计算成绩,而学分定有最低和最高的限度,"以予天资聪慧学生较高、禀赋鲁钝学力稍低者以伸缩发展之余地"。他规定大学一年级学生必须修国文、英文、自然科学与社会科学并奉行"所谓大学者,非谓有大楼之谓也,有大师之谓也"。"师资为大学第一要素,吾人知之甚切,故亦图之至亟",通过严格遴选和大力延聘师资,使得清华大学不仅聚集了钱穆、陈寅恪、冯友兰、朱自清、闻一多等一批文史哲学大师,还有叶企孙、吴有训、赵忠尧、萨本栋、熊庆来、周培源等自然科学大师,营造出浓厚的文理渗透的学术氛围,使清华大学成为中国近代教育史上倡导、实践通才教育的重镇,开创了清华校史上的"黄金时代"。据不完全统计,在梅校长任期内,清华大学毕业后留在国内的学生中有67人当选为两院院士,我国当代文、理、法、工、

---

① 梅贻琦:《中国人的教育》,中国工人出版社2016年版,第18页。

农各门类独立的科学、技术的创建人和奠基者大都产生或汇聚于这个时期的清华大学。身处清华的学子们,深受学校教育传统的影响和熏陶,正如何兆武指出的,"从本世纪初(一九一一年)清华学校创立到本世纪中叶(一九五二年)院系调整的四十年岁月之间,清华学园人才辈出……在共同的时代与文化的背景以及共同的生活与工作的条件之下,又自然不可避免地会在他们中间会产生某些共同之处。……这种或这些共同的情趣和风貌又是什么呢?我以为那大抵上可以归结为,他们都具有会通古今、会通中西和会通文理的倾向。"[1]由此看出,钱伟长在清华求学期间,清华的文理并重、通才教育的传统已经潜移默化地影响着他,在上海大学,他找到了实践的土地,成为通才教育的坚定实践者。

更加幸运的是,钱伟长在清华大学度过的头六年,正是清华物理系的鼎盛时期。

首先是强大的师资队伍。叶企孙作为清华大学物理系的创始人和领导人,在担任清华大学物理系主任和理学院院长期间,多方罗致人才,直接或建议聘请了吴有训、萨本栋、周培源、赵忠尧、任之恭、施汝为等一批有名的科学家到清华理学院执教,使20世纪30年代清华大学理学院的教授阵容已属国内前列。在巩固和发展高水平的师资队伍方面,叶企孙先生没有门户之见,不搞"近亲繁衍",有意识地吸收非清华的毕业生来校任教,以吸收其他学校的长处。另一方面,他在聘用人才方面也是严格的,他除了拒绝那些无能之辈前来任教之外,还果断地辞去那些不称职的教师。叶企孙还非常注重对中青年教师的培养,为他们创造条件,帮助他们成才。高质量的师资队伍保证了高质量的教学水平,在钱伟长的记忆里,每位老师"讲课都很精彩,不少人并不按教材讲,而按逻辑和发展历史讲,一般都能启发我们思考问题,争论问题,使科学的精髓深入学生思想,经

---

[1] 何兆武:《也谈"清华学派"》,载《读书》1997年第8期。

第六章 钱伟长教育思想溯源

过自由争辩,都变成同学自己的东西"①。

其次是浓厚的科研氛围。叶企孙认识到要改变我国科学的落后状况,我国的科学教育必须重视实验研究,尤其是一个高水平的学校必须开展科学研究工作。因此他积极进行实验室的建设,鼓励教师们在授课的同时继续进行研究,并为他们的研究创造条件。到1931年实验室和研究所已具相当规模,建成普通实验室7所,另有金工、木工厂各1所,为修理及制造仪器之用,关于物理学方面的书籍和杂志多已购备②。在叶企孙的倡导下,当时在物理系任教的每位教授都有自己的研究课题和方向。如:吴有训用X射线研究合金结构,赵忠尧研究高频γ射线的吸收和散射,霍秉权开展云雾室技术的研究,周培源从事广义相对论和湍流理论的研究。叶企孙除指导磁学和光学的研究之外,还开展了建筑声学的研究等。老师们开创了国内高等院校进行科学研究的先河,在清华营造了浓厚的学术氛围,学术讨论无处不在,学术交流非常广泛。在这样的环境下,清华20世纪30年代初的物理系可以说盛极一时,为我国培养了包括钱伟长在内的大批优秀人才。钱伟长在物理系学习期间受益于叶企孙提倡的科研与教学并重的做法,因此他在上海大学一直坚持教师在教学的同时还要提高科研能力,这与他的清华求学经历不无关系。

钱伟长不仅在叶企孙所缔造的教学环境中受到了良好的教育与训练,在本科毕业时还受到叶企孙的直接指导。叶企孙为钱伟长选定的论文题目是关于北平大气电的测定研究。北平冬季很冷,这种测量研究工作必须在室外日夜进行,连续9个月测定每天24小时的大气电强度。钱伟长和顾汉章两人分工合作得很好,叶企孙教授常与他俩一起从深夜工作到清晨,帮助他们分析研究各种各样的具体困难和问题。通过毕业论文的完成,钱伟长在叶企孙先生的训练下学会了从事科学研究的方法,提

---

① 钱伟长:《八十自述》,海天出版社1998年版,第13页。
② 叶企孙:《物理学系概况》,《清华暑期周刊》,1932年向导专号,第23页。

高了自己动手设计制造仪器的能力，更重要的是养成了从事科学事业必需的坚韧和顽强拼搏的精神，这样的优秀科学素质对他一生的科学工作起了决定性的作用。

这一时期另一位对钱伟长影响至深的老师是我国著名的科学家、教育家吴有训。如果说叶企孙对钱伟长的影响是宏观的，那么吴有训对钱伟长的影响则更为直接、具体。吴有训不但有很高的学术水平，而且在清华大学进行的维护教授治校制度的斗争中据理力争、坚持正义，一直为清华的师生所称道。

钱伟长初入物理系，因没掌握科学的学习方法，结果连续7个星期课堂测验都不及格，后来在吴有训先生的指导下，他逐步掌握了科学的学习方法，培养了自学能力。钱伟长的一生从事了各种不同专业的研究工作，取得了令人瞩目的成就，正是得益于他超强的自学能力。

吴有训非常重视培养学生的动手能力。他鼓励学生学习实验技术，参加实践，在他的倡导下，清华物理系的学生二三年级时就开始自己选取实验的用具和仪器，并安排联结实验的工具。到做毕业设计时，很多测量仪器都是学生自己设计、自己焊接的。吴有训也很重视学生自学能力的培养。他通常课堂上讲得并不多，而要求学生通过自学或个人推导去掌握物理的基础理论，并通过自己动手去体会实验的技巧与精确性，从而加深对理论的理解。与此同时，他还重视拓宽学生的知识面。他要求学生不能仅仅满足于学好本系的课程，还要选修其他系的课程，如"制图""电工学""化学热力学"等理论课，甚至连车工、钳工等技术课也要求学生尽量多学一些。在吴有训老师的指导下，大学四年中钱伟长在数学系选修了熊庆来教授的高等分析、杨武之教授的近世代数、赵访熊教授的复变函数和微分几何，在化学系选修了高崇熙教授的定量分析和定性分析、黄子卿教授的物理化学、萨本栋教授的有机化学以及所有的有关化学实验课，从而在数学、物理、化学方面建立了较广宽的基础，学到了一整套自学的科学方法并树立了严谨的科学学风，为他"一辈子的科研教学工作打下了一个坚实的基础"[①]。例如,钱伟长成功研制高能电池,靠的就是在清华时培养的化学实验能力和基本的化学知识。

叶企孙教授和吴有训教授对钱伟长的影响是终身的,在他们的精心指导下,钱伟长具备了从事科学工作的基本素质,同时他们科学的教育思想也深深地影响了钱伟长。钱伟长在以后的教育与教学工作中,对他们的教育思想继承、发展,以自己60余年的亲身实践做了最好的例证。

钱伟长的体育教育的思想也源于清华大学学业与体育并重的优良传统。钱伟长到清华大学的第一天,就要到体育馆接受由马约翰教授掌管的体格监测。马约翰是我国近代体育事业的开拓者之一。他1914年应聘到清华大学从事化学和英语方面的教学工作。当时清华每年送100名学生到美国学习,马约翰教授"考虑到祖国的荣誉问题,怕学生出国受欺侮,被人说中国人就是弱,就是东亚病夫。中国学生,在外国念书是好样的","在体育方面,也不要落人后,……念书要好,体育也要棒,身体也要棒",他开始从事体育教学事业,专任体育教师,一干就是半个多世纪,实现了他"为祖国健康工作五十年"的豪情。清华大学在马约翰教授的积极推动下,修建了设备良好的体育馆,设立了体育部,明确了体育是大学教育的重要组成部分,形成了学业和体育并重的优良传统。

钱伟长自幼家境贫寒,身体瘦弱,成为清华历史上第一个身高不达标的学生(入学时1.49米)。但钱伟长看到,他所在的物理系每届都有一半同学受不了学习负担而转系,为了使得身体能够应付忙碌紧张的学习生活,钱伟长每天都坚持跑步。一次偶然的机会,钱伟长参加了学校的越野赛,居然得了第八名的好成绩。马约翰教授看中了钱伟长性格中肯拼命、坚韧不拔的特点,尽管说他身高未达标(out of scale),仍选拔他为清华越野代表队的成员之一,开始了他"生命史上的新篇章"。接下来的日子,钱伟长在马约翰教授的科学指导下积极参加体育锻炼,在毕业时已经成为

[①] 钱伟长:《八十自述》,海天出版社1998年版,第14页。

清华大学有名的运动员。1933年全国大学生运动会田径比赛中,钱伟长以13秒4的成绩取得了100米栏的第三名;钱伟长还是清华大学足球队的主力左前锋……在清华大学求学的6年,钱伟长不仅收获了知识,更获得了健康的体魄,身高也奇迹般地增至1.66米。

马约翰教授给予钱伟长的影响虽与学术没有直接关系,却影响了他的一生。钱伟长在以后的人生道路上克服了重重困难,始终向着科学高峰攀登。他在九十岁高龄的时候对马约翰教授还是记忆犹新,他说:"我拼搏了一辈子,拼搏精神的培养要归功于我的清华老师马约翰,是他把我培养成有拼搏精神的人。"①

马约翰老师不仅使钱伟长得到身体健康和体育竞技的锻炼,更重要的使他得到耐力、冲刺、夺取胜利的意志的锻炼。这对他一生在工作上能闯过不幸的困苦年代,能承受压力克服种种艰辛而不失争取胜利的信念和斗志,创造了有力的保证条件。②

二、海外的留学经历

钱伟长曾在加拿大的多伦多大学和美国的加州理工学院学习、工作,这两所名校的文化传统和办学理念对钱伟长的教育思想的形成影响颇深,如他提出的教学与科研并重、人文教育与科学教育的融合等,都是钱伟长借鉴两所名校的办学理念、课程设置、办学措施等,并结合上海大学的实际情况,形成的自己的教育思想。

多伦多大学是加拿大规模最大、专业设置最齐全的综合性大学,也是世界顶尖的公立研究型大学之一,于1827年创立。该校自开办以来一直坚持"学校是追求真理、探讨学问和传播知识的地方"的办学理念,特别强调学术自由的重要性。同时,多伦多大学秉承教学科研并举的优良传

---

① 钱伟长:2002年5月12日在校长体育论坛会上的讲话。
② 钱伟长:《八十自述》,海天出版社1998年版,第16页。

统,基础与尖端学科均衡发展,不仅培养了许多杰出的科学家和工程师,还取得了许多重要的科学技术成果。作为一所综合性的大学,该校拥有广泛的学科设置,其中有相当一部分具有交叉学科或是跨学科背景。该校为培养跨学科、跨专业能力的通用人才采取了一系列的措施。如他们非常注重密切企业与部门、大学的关系,并及时建立人才需求信息库,沟通人才需求和培养的信息,便于及时把社会所需技能及时融于课程设置中;在课程设置上,大学一年级开设三门核心公共课程即写作、数学和分析批评课,用以强化学生的分析判断能力和计算能力,提高学生的文字表达能力;为扩大学生就业选择范围和机会,推行双学位制度,学生从二年级起就可以选修另一专业的课程,如主修英语的可辅修哲学或历史专业,主修工程的学生可辅修经济或管理等;设立大学企业合作项目,为修完二年级课程的优秀学生提供到公司、企业或其他部门实习的机会,开阔学生的视野,达到学以致用的目的等。钱伟长正是借鉴了这种办学模式,根据上海大学学生的实际情况,推行了选课制、学分制及短学期制等一系列教育教学改革。

  1942年,钱伟长来到美国加州理工学院,在那里学习、工作了四年。加州理工学院创建于1891年。在仅仅100多年的历史中,它从一所职业学院成长为世界顶尖大学。它虽然是一所理工院校,但非常重视人文教育和科学教育的融合,在建校之初,该校的校董之一、天文学家豪尔(Hall)就指出:"最伟大的工程师不仅仅会理解仪器设备等机器和应用公式,而且要认识到这些事物的本质,具有更宽广的视野和丰富的想象力,无论是在工程和艺术、在文学和科学方面,缺乏想象力的人就做不出有创造性的工作来。"[1]在这种教育理念的指导下,加州理工学院在课程设置上历来都重视为本科生提供尽可能完善的知识结构,以便学生能够适应综合性交叉性的工作。在加州理工学院,任何一名学生都要学习生物学、化学、物

---

[1] 付军龙等:《大学创新教育论》,教育科学出版社2012年版,第139页。

理学、数学以及人文社会科学方面的基础课程。即便理工科的学生也要修满足够的文科课程学分才能够取得学位。[①]在加州理工学院,课外活动的数量之多让人印象深刻。学生们可以参加比其他学校更多的活动。参加各种音乐、体育与社会活动的学生非常活跃。

另外,加州理工学院可以说是科研与教学并重的典范,老师们在日常教学的同时,始终"挖空心思"地寻找下一个课题,试图在一些关键性的领域做到最好,也试图把这些相关领域的影响进行扩展,因此他们的研究总是具有前瞻性。在加州理工学院,教授们被允许每个星期为企业做一天的咨询工作,他们只是做企业的科学顾问,不介入企业的日常管理。钱伟长在指导上海大学的教育实践中,正是自觉地借鉴了这种先进的模式。

---

① 陶倩、龙洁:《科学教育与人文教育的结合———钱伟长大学教育思想的形成及启示》,载《上海大学学报(社会科学版)》2006年第1期。

附录　钱伟长的治学理念和学术风格

戴世强

"无论谁,也无论有什么样的条件,要想学得好,要想搞出成就,最先和最后所必不可少的都是勤奋。这就是说,始终都必须不辞劳苦、勤奋努力,都必须有孜孜不倦、锲而不舍的顽强精神和踏踏实实的学习态度。……我从来不相信有什么所谓'天才',而只是相信人的才能是用艰苦劳动培植出来的,天才出自于勤奋。"

——钱伟长(1980)

"我不是党员,不过我还是拿党的事业作为我的终身事业。为了我们的民族,我们个人吃点亏不要后悔,不值得后悔。我们历史上有很多英雄人物靠这么点精神,为我们中华民族立了大功绩!这就是公而忘私,……我们的先哲对我们的教育是很多的,譬如像范仲淹那句'先天下之忧而忧,后天下之乐而乐'的名言就是很精彩的!换句话说,就是我们要为天下着想,这个天下现在就是中华民族,为党的事业着想,……"

——钱伟长(1987)

"厚德载物,自强不息,为人民服务。"

——钱伟长(自题词)(1992)

"要使教育培养出来的人都能带着满脑子的问题进入社会,在工作中创新、改革。大批具有创新意识的人不断在实践中探索问题解决问题,国家就会兴旺,社会就会大步前进。"

——钱伟长(1998)

一、引言

钱伟长院士已经走过了九十年的漫漫人生长途,作为闻名遐迩的力学家、应用数学家、教育家、社会活动家,他历经了艰苦立业—事业辉煌—历经坎坷—再度辉煌的曲折过程,如今虽已到了耄耋之年,却壮心依旧、斗志不改,坚守在他的教育和科研岗位上,续写着灿烂的人生篇章。对略微知道他的成长背景和坎坷经历的人来说,钱伟长这个名字多少带一点传奇色彩,心中存在着各种各样的疑问:他是怎样从一个普通的农家子弟成长为知名科学家的?为什么他能在经过20多年的人生逆境之后,却依然爱国敬业、忘我奉献、矢志不移?他为什么能在诸多科学领域中做出举世瞩目的成就?他为什么能完成常人难以想象的工作量?诀窍何在?笔者认为,所有这些问题可以归结为一个总问题:钱伟长院士有什么样的人生理念和治学方略?回答好这个问题对我们这样的学生后辈将大有裨益,但回答起来又相当困难,因为钱伟长院士的人生经历实在太丰富、著述实在太浩繁,仅仅想弄通、弄懂它们,也是穷毕生的精力而难以如愿。笔者近20多年来,有幸常受钱伟长院士耳提面命的教诲,特别是最近的18年,一直在他所领导的研究所工作,经常聆听他的谆谆教导以及发自肺腑的心声,对上述问题或多或少有一些认识,因此,不揣冒昧草成此文。

笔者论及他的治学动力、治学精神、治学态度、治学方法、治学谋略和学术成就,而这些又可以概括成:"爱国敬业、自强不息、锐意创新、求真务实、广闻博览、群策群力"这24个字。"爱国敬业"是钱伟长先生治学的基本动力,也是他历尽磨难、无怨无悔、奋斗终生的精神支柱。"自强不息"是旧清华的校训,也是新上大的校训,是钱伟长最珍爱的人生格言,也是他身体力行、发奋治学的行动准则。在10年前出版的《钱伟长文选》的扉页上,就有他的自题词:"厚德载物,自强不息,为人民服务"。"锐意创新"

是钱伟长先生治学的主要精神,他尊重学术前辈而不盲从,强调"不要去咽别人的唾沫",遇到问题要独辟蹊径,尽力用新观点、新方法去解决新问题。"求真务实"是钱伟长先生治学态度之精髓所在,他力主科研要从实际需要出发,在实践中发现和提炼问题,所得到的研究成果必须经过实践的检验。与他稍有接触的人都知道,他的治学、为人之道讲究一个"实"字,他痛恨阳奉阴违、口是心非、弄虚作假,为人处世从来都是直言不讳、直来直往,虽因此吃亏而无怨无悔、本性不改,而做学术研究的人都知道,求真务实正是治学的一个基本原则,钱伟长先生是坚持这一原则的典范。"广闻博览"是钱伟长先生治学的基本方法和屡获成功的诀窍和基础,60年来,他坚持"行万里路,读万卷书",只要科研需要,他从来不耻下问,向内行求教,在实践中学习,也从来不吝惜精力,博览群书,孜孜不倦地自学,因此总能以简洁、优良的方法解决种种难题。"群策群力"是钱伟长先生作为学术领路人,指导科研工作、培养学生和助手的谋略,他继承并光大了哥廷根学派的优秀传统,大力发扬学术民主,组织各种各样的学术活动,经过他的传道授业,数以千计的学子迅速成长,不少人成了我国科学技术事业新一代的中流砥柱。

笔者长期以来从事流体力学和应用数学研究,本文力求在认真调查研究和细致阅读材料的基础上,坚持写实,大量引述钱伟长先生的原始论述,让足够的材料来说明问题,并尽可能做一些思索和分析,敬请专家和读者不吝指正。

二、学术成就:纵横驰骋,硕果累累

钱伟长先生从事科学研究已超过一个甲子,他在科研战场上纵横驰骋、广泛涉猎、成果颇丰,大部分成果及其产生背景和学术思想已在文献[1—8]中做了归纳和综述,本节只作非常扼要的概括。

钱伟长先生学术成果涉及方面之广、钻研功夫之深、影响范围之大,令人叹为观止。根据他的学术活动的大事年表,他从事过的学术研究主要有[6,7]：

● 1934—1935年，与清华大学物理系的同学顾汉章一起测定北京地区大气参数，并于1935年在青岛召开的全国物理学年会上做了报告。

● 1935—1939年，在清华大学物理系吴有训教授指导下研究稀土元素的光谱分析和X射线衍射；在清华大学化学系黄子卿教授指导下研究溶液理论；开始自行钻研弹性板壳理论。

● 1940—1942年，在加拿大多伦多大学应用数学系与导师辛格教授合作探索弹性板壳的内禀理论，并完成以此为题的学位论文，获应用数学博士学位。这项研究备受国际学术界关注，产生了深远影响。

● 1941—1942年，参加加拿大研究委员会应用数学组关于雷达天线的研究工作，给出雷达波导阻抗的计算理论与公式；与加拿大多伦多大学应用数学系的温斯坦(A. Weinstein)合作研究固支受拉方板的振动。

● 1943—1946年，在美国加州理工学院航空系及喷气推进实验室，在冯·卡门教授指导下研究火箭弹道、火箭的气动设计、气象火箭、人造卫星轨道、降落伞运动规律、火箭的飞行稳定性、对称超音速锥型流流场计算、圆柱体的变扭率扭转等问题。

● 1946—1957年，在清华大学先后研究圆薄板大挠度弯曲问题的渐近解（摄动解和奇异摄动解）、流动润滑理论、构件的压延加工、连续梁特性、扭转问题、扁壳跳跃问题和方板大挠度问题。这些大多属于非线性力学的前沿领域，有关成果在力学界产生了广泛影响。

● 1958—1976年，尽管他被剥夺了正常地从事科研活动和公开发表学术论文的权利，但他没有停止过对科学技术问题的探索，从事了以下诸项研究：飞机颤振、潜艇龙骨设计、化工管板设计、氧气顶吹转炉炉盖设计、大型电机零件设计、液压机设计和研制、高能锌空气(氧)电池研制、穿甲原理、三角级数求和、变分原理中的拉格朗日乘子法探索等等。这些成果有的见之于他人的著述中，有的在1980年以后陆续以论著形式问世。

● 1977年至今，先后在清华大学、上海工业大学、上海大学研究环壳理论、广义变分原理、有限元理论、中文信息处理、薄板大挠度的合成展开法、波纹管和其他管板、穿甲力学和断裂力学、加筋壳分析、三角级数求和、板壳的非基尔霍夫理论等等。1978年起的15年间,他平均每年出版一本专著,这段时间成为他的学术生涯中的第三个丰收期。

迄今为止,钱伟长院士共发表学术论文200余篇(部分散佚,收录在案的有168篇),出版学术专著18部,撰写报刊文章500余篇(其中直接与学术问题有关的约占70%),担任过主编或编委的杂志、学术专著(或丛书)、辞典与百科全书有30种,目前仍任《应用数学和力学》(中、英文版月刊)主编、《力学进展》(双月刊)副主编以及3种国际学术刊物编委、多种国内刊物的编委或顾问编委(参看文献[1—22])。由于他在弹性薄板大挠度理论和广义变分原理方面的出色工作,他于1955年和1982年两度荣获国家自然科学奖二等奖;由于他在学术上的卓越成就,1999年获何梁何利奖。鉴于他对我国力学事业的有目共睹的杰出贡献,他与周培源、钱学森、郭永怀三位院士一起,被公认为中国现代力学的奠基人。

下面,笔者试图简述钱伟长先生的主要学术贡献,有关的详细材料可参看文献[1—24,26—29,35—42]。

(一)关于弹性板壳的内禀统一理论[23,24,26]

弹性薄板薄壳内禀统一理论,是钱伟长先生的成名之作。

在1940年以前,弹性板壳理论的各种近似处理相当混乱。人们把薄板与薄壳分开处理,而各种不同形状的薄壳的近似处理又"各自为政",总的看来,它们以板或壳的二维单元为基础,以宏观内力素的平衡方程为出发点,再根据基尔霍夫和拉夫的三项假设确定内力素和中面应变的关系,从而求出用3个中面位移分量为待定量的3个平衡方程。钱伟长先生深感这种近似理论的烦琐与不足,于1939—1940年在昆明开始对这一问题进行研究,在仔细阅读拉夫及辛格的两本专著的基础上,经过深思熟虑,以三维微元体作为出发点,引进三维应力-应变关系,得到用应变分量表示的平衡方程;同时首次应用张量分析和微分几何为工具,得到了用板壳中面的拉伸应变和曲率变化6个分量表示的全部方程,建立了薄板薄壳的内禀统一理论。这是一种精确的理论,避免了一些纯经验的假设[8]。

1940年9月,钱伟长在第一次见到他的导师——英国皇家学会会员辛格教授时,惊喜地得知教授也在研究板壳的内禀理论,但用的是宏观方法,而钱伟长用的是微观方法,却得出了同样的结果。辛格教授提议把两种理论合在一起,写出一篇论文,他们在50天时间里就大功告成。论文发表在冯·卡门教授60岁祝寿纪念刊中[23],该文集有26位作者,除钱伟长是未到而立之年的年轻学者以外,都是当时赫赫有名的学术权威(如爱因斯坦等)。这一事实使钱伟长大受鼓舞,树立了在科学道路上勇攀高峰的自信心[6,7]。这篇文章发表后,立即受到力学界和数学界的重视,荷兰力学家鲁登教授[25]推崇说:"Synge和钱的工作继承了19世纪早期柯西和泊松的工作,在西方文献中重新注入了新的生命力。"他还指出:"板壳理论由于成功地采用了先验的Kirchhoff-Love假设,人们已经长期没有研究板壳的三维理论了。……辛格和钱的工作是三维理论的基本工作,仅用力学状态的内禀变量——应力和应变,严格地从三维理论中导出了任意形状的薄壳都适用的非线性方程,这里在各向同性的假定下,把应力和应变分量按厚度方向的坐标展开为泰勒级数。近似的二维方程只有6个基本待定量,3个代表中面拉伸应变,另外3个代表中面弯曲变形分量,这是辛格和钱的工作最重要的特点。"这篇著名论文引发了20世纪五六十年代不少有关三维板壳理论的工作,如著名学者格林(A. E. Green)、莱斯纳、赖斯(E. L. Reiss)等的研究。

此后的一年中,钱伟长将上述理论的思想进一步展开,完成了他的应用数学博士学位论文,并于1944年在刚创刊不久的美国《应用数学季刊》上分3次连载发表[24]。在该系列论文中,将上述理论进一步系统化和精确化,而且利用了板壳的厚度和曲率的量级来做各种近似,对板壳的全部问题做了系统详尽的分类,确定了12类薄板问题和35类薄壳问题,均用6个方程(3个平衡方程、3个协调方程)加以描述,这些方程涵盖了常见的小挠度方程以及一些已知的大挠度方程,而有些方程则是全新的,其中尤以扁壳(浅壳)SS12型方程最为重要,因为扁壳是一个新概念且有实用意义。1958年8月,在美国斯坦福大学的海军结构力学研讨会上,冯元桢和塞施勒在所宣读的《弹性薄壳的失稳》一文中,称扁壳方程为"钱伟长一般方程",而称扁圆柱壳方程为"圆柱壳钱伟长方程",此后两种方程统称为"钱伟长方程"。到20世纪80年代,上述论文的引用率超过百次。1980年,理性力学权威爱林根访问中国,特意到清华大学照澜院16号(钱先生当时的住所)探访钱伟长先生,他说当年他花了几个月时间拜读钱伟长的板壳内禀理论的文章,从而开始了在理性力学方面的开创性工作,他把钱伟长认作自己的前辈。1982年,在国际有限元学术会议上,执行主席加拉格尔向大会介绍钱伟长时说:"钱教授有关板壳内禀统一理论的论文曾是美国应用力学研究生在20世纪四五十年代必读的材料,他的贡献对以后的工作很有影响。"(详见文献[7])

在钱伟长先生的博士论文中还包括从三维微观平衡方程导出壳的应力内力素的宏观平衡方程的内容,这样一来,就把文献[23]中的宏观理论与微观理论统一起来了,有关论文于1948年12月发表在《国立清华大学理科报告》上[26]。

(二)关于圆薄板大挠度问题的摄动解法[27—29,10]

钱伟长先生回国后的第一个重要的工作是创造性地提出了关于圆薄板大挠度问题的摄动解法。

1910年,冯·卡门建立了关于圆薄板大挠度的非线性微分方程,但是长期找不到理想的求解方法。1947年,钱伟长第一次用系统摄动法解决了这个问题[27]。他用中心点的挠度与板厚的比值作为小参数来进行摄动展开(渐近展开),即把微分方程中的未知量按照摄动小参数的幂级数展开,再代回微分方程,方程按照该参数的幂次分解为一系列递推方程;其最低幂次的方程就是该非线性方程的线性近似,较易求解;把低阶解依次代入较高阶方程,就对线性解做出摄动性的修正,从而得出更准确的渐近解。由于钱伟长正确地选择了小参数,当挠度较小时,只需要摄动一次就得到很好的解,即使对较大的挠度,摄动两次也就足够了;所得结果与麦克弗森、朗布尔格和利维的实验结果(1942)非常符合。这一近似解析法所达到的精确度及其构思的精妙令人赞叹,在国际上被公认为逼近真实而又简捷的解法,苏联学者A. S. Vol'mir在其名作《板和壳的弯曲》中称之为"钱伟长摄动法"[30]。1991年,笔者在仔细阅读此文时发现[31],钱伟长的方法实际上是采用了后来在专著中被命名为参数摄动法的渐近方法(可参看文献[32]),应该说,钱伟长是在弹性力学领域最早应用此方法的学者之一,而且其巧妙之处在于,他选定了待求的中心挠度与厚度之比作为小参数,而将已知的载荷与未知量一起就此小参数展开,并收到了奇效,令人拍案叫绝!

钱伟长先生并未就此止步,1948年,他进而考虑了固定圆薄板在很大均布载荷下的大挠度问题[28]。此前,人们一般承认汉基(Hencky)的薄膜解,但此解只能满足位移边界条件,自然存在较大的误差。钱伟长敏锐地发现,在圆板边界上一定存在着像流体力学绕流问题那样的边界层,因此,求渐近解时不能用正则摄动法,于是他引进了放大的边界层坐标,将渐近解取为常规坐标的函数和边界层坐标的函数之和,同时进行摄动展开和逐项求解,最后得到了与实验吻合的渐近解。这个方法于20世纪70年代被命名为合成展开法,是奇异摄动法的一种。周焕文[33]于1981年指出,钱先生这一工作是合成展开法的先驱,开创了摄动法的新领域,国外直至1956年才由布朗伯格(E. Bromberg)[34]重复了钱伟长的工作,由于钱伟长的论文发表于《国立清华大学理科报告》,布朗伯格可能没有看到这篇论文。1985年,钱伟长又与他的学生陈山林[28]改进了上述工作,用中心最大无量纲位移取代无量纲载荷为摄动参数,大大提高了收敛速度;令所有边界条件在各级近似中跨级满足,改进了结果的可靠性。

20世纪50年代初,钱伟长先生在清华大学举办了弹性薄板大挠度问题的研讨班,并出版了论文集[10],他与他的学生叶开沅等计算了各种载荷和边界条件下的圆薄板、矩形薄板、椭圆薄板的大挠度问题,此文集于1957年由莫斯科外国文献出版社译成俄文,对有关研究工作钱伟长于1956年在布鲁塞尔的第九届国际理论和应用力学大会上做了报告。

有关弹性薄板大挠度问题的研究成果在1955年获得国家自然科学奖二等奖。

(三) 关于圆环壳的一般理论[35—38]

圆环壳是仪器仪表的弹性元件和其他壳体结构中的一种常见形式。进入科学的春天后,钱伟长根据生产的实际需要先后承担了两项国家攻关课题,专门研究圆环壳的一般解及其在弹性元件和波纹管膨胀节研制中的应用。他与他的同事、学生先后发表了8篇有关论文,解决了一系列实际问题。

此前,托尔凯(1937)、克拉克(1950)和诺沃日洛夫(1951)分别提出不同的复变量方程,克拉克给出了渐近解,诺沃日洛夫求出了非齐次解,但不能满足不同的边界条件;钱伟长与他的同事在文[35,36]中,统一了3种方程的推导过程和具体形式,找到了方程的齐次解并证明了级数解的收敛性,这个齐次解经与诺沃日洛夫的非齐次解叠加,可满足各种边界条件,这是前所未有的。文[36]还给出了细环壳(环截面半径远小于环半径的极限情形)的极限方程和相应的解。接着又将细环壳解应用于仪表元件和波纹管的实用问题,并证明理论结果与几十年前的实验结果相符[37,38]。

这些成果为环壳理论及其应用奠定了基础,反映了钱伟长的学术风格和应用力学方面的工作。

(四) 关于广义变分原理和有限元理论[39—42,15,18]

钱伟长的另一项享有盛誉的成就,是关于广义变分原理及其应用方面的研究成果。

在20世纪60年代以前,人们在使用变分原理解决弹性力学问题的时候,大多是凑出来的,即分别以应变或应力为基本函数先写出积分泛函,再取驻值验证,所以每一个新原理的提出都是一项重要成果。随着当时有限元方法的崛起,变分原理作为其理论基础,显示出了重要性。还处于逆境中的钱伟长敏锐地抓住这一动向,试图突破变分原理的上述局限,找到系统而普遍的方法。他首先从最小位能原理和最小余能原理出发,利用拉格朗日乘子法把约束条件引入泛函,从而先放松条件,得到相应广义化的变分原理,在变分求泛函驻值过程中可以把待定的拉格朗日乘子唯一地确定下来。这无疑是对建立广义变分原理的泛函提出的极富创见的重要方法,可惜他将1964年写成的论文《关于弹性力学的广义变分原理及其在板壳问题上的应用》投给《力学学报》后,因审查者不甚理解拉格朗日乘子法而遭退稿。日本学者鹫津久一郎在1968年出版的《弹性和塑性力学中的变分法》一书中才较明确地应用了拉格朗日乘子法,但有些要点仍未点明,如没有提及通过泛函驻值条件来确定待定乘子等。直到1977年,才在著名学者辛克维奇(O. C. Zienkiewicz)的著作《有限元法》中有了完整的叙述。由此可见,钱伟长先生当时的新颖思想在国际上领先了十几年。1979年,钱伟长先生结合有限元计算,发表了他的基本观点(见文献[39]),随后通过开设讲习班和系列讲座,讲解他发展的广义变分原理及其在有限元计算中的应用,听众逾3 000人,从而大大推动了拉格朗日乘子法在变分原理中的应用,推动了有限元、杂交元和混合元方面的研究活动和广泛的工程应用。有关讲稿最后成了专著[15]和[18]。

钱伟长先生还把广义变分原理推广到大位移和非线性弹性体,并用广义变分原理处理了非协调有限元理论,为有限元的广泛应用奠定了基础(详见文[40—42])。1984年,钱伟长应邀为国际权威刊物《应用力学进展》写了专稿《非协调元和广义变分原理》,产生了较大的国际影响。

由于在广义变分原理方面的出色工作,钱伟长于1982年第二次获得了国家自然科学奖二等奖,与上次得奖时隔27年。据笔者见闻,我国两获国家自然科学奖二等奖的人并不多见。

(五)其他方面的成就

钱伟长先生在其他诸多领域中也颇有建树,现概述于下。

在光谱分析方面,他早期在著名物理学家、清华大学理学院院长吴有训指导下从事稀土元素的光谱分析研究(1937—1939),其中硒的单游离光谱分析是稀土光谱的基础性工作,开了我国稀土元素研究的先河,受到国际物理学界的重视。

在流体力学方面,在20世纪40年代,他用一种巧妙的摄动展开法,给出高速空气动力学超音速锥流的渐近解,大大改进了冯·卡门和摩尔给出的线性化近似解,对摄动法也是一项重大突破。1949年,他研究了润滑流体力学问题,基于轴承间隙黏性流体层很薄的情况,以无量纲流体厚度为小参数,进行摄动展开,仅用3个简化假设,从Navier-Stokes方程导出了润滑问题的高阶Reynolds型方程,建立了相应的变分表达式,使计算工作大为简化。1984年,钱伟长根据流体力学基本方程,对内流、外流等一般的黏性流动建立了普遍的变分原理,对可压缩和不可压缩流体分别建立了最大功率消耗原理;他还把固体力学中的变分原理方法推广到黏性流体力学,奠定了流体力学有限元方法的基础。

在应用数学方面,钱伟长先生在"文革"期间研究了各种三角级数的求和问题,特别是研究了通过傅立叶变换对有关三角级数进行求和的新方法,编制了包含1万个三角级数的"傅氏级数之和"的大表,很有实用价值。

钱伟长还以深厚的国学功底,对汉字文字改革和汉字信息处理进行了研究,研制成新型中文打字机(1980)和汉字输入计算机的编码方案("钱码")(1984),成果曾多次受到褒奖和好评。

钱伟长对电机电磁场计算理论和大功率高性能电池的设计和研制都有独到的见解,在我国科学史研究上也很有造诣。

限于篇幅,有关论文不再一一列举,感兴趣者可参看文献[1—8]。

三、治学动力:爱国敬业,矢志不移

钱伟长先生历尽磨难,而对他所从事的教育、科研事业抱着始终不渝的热情,他的治学动力何在?笔者认为,动力来自他的矢志不移的爱国敬业精神。

钱伟长先生出生于乡间寒儒家庭,自幼饱受清贫之苦,在多方资助下方得勉强完成中学学业并进入大学学习。他刚进清华大学的第三天,就遇上了九一八事变,尽管他当时已经显示出文科方面的突出才能,而且迫于成长环境,理科成绩很差,但在科学救国的热情驱使下,他坚决要求弃文学理[2,6,7]。40多年后,他回顾道:"我是受着国耻纪念日对于我灵魂上的冲击长大的,因此最后我从学文改学物理。因为当时我认为没有强大的国力是没有办法对付帝国主义的。……我们每一个中国人民应该自强不息。我们承认现在不如人家,可是我们不甘于永远这样承认下去,因此我们需要自强不息,就是在承认我们不如人家的基础上赶上去。人人如此,这个国家就强盛了。"[5]361 正是这种爱国的信念指导了他一辈子的学术活动。

大学毕业后,钱伟长先生怀着科学救国的决心,考取庚款出国留学,经过6年奋斗,学术上取得了很大成就,过上了相当安定舒适的生活。1946年,抗日战争的硝烟刚散,他就毅然放弃已有的一切,希冀立即回国报效祖国。由于他在科研中接触了大量军事机密,为了让美方顺利放行,他制造了短期回国探亲的假象:轻装简从,将大量书籍、资料留在了办公室,还在住所预付了半年房租。他在回忆这段经历时说:"中国知识分子有一个民族自尊心,民族自豪感,承认落后,不甘落后,要解决这落后问题,宁愿牺牲自己在国外的舒适生活。老实说,我在国外的生活是非常舒适的,我就领导了600人的工程师的队伍,我就是做'洋官'的人,当然我是'技术官',可我不稀罕这个,我是为美国做事情的,我做出来的火箭导弹都是为美国用的,我干吗,我要回来就回来了……"[5]136 回国后的生活令他失望,为了维持生计,他奔波于北京的3所大学讲课,仍不得温饱,不得不向单身同事、老同学告贷度日。1948年友人捎信给他,告知美国加州理工学院喷气推进实验室工作推进较快,亟愿他回去复职,携全家去定居并给予优厚待遇,于是他到美国领事馆申办签证,但在填写申请表时,发现最后一栏写有:"若中美交战时,你是否忠于美国?"他毅然决然地填上了"No",最后以拒绝赴美了事。当时,他积极地参加了爱国反美反蒋、迎接解放的活动,在北平解放前夕,他与同学一起主动与在北平郊外的解放军首长联系,回校后,又按中共地下组织的布置,在枪炮声中,镇定自若地为学生讲授"射击弹道计算",在同学中留下了难忘的印象。

新中国成立以后,钱伟长先生以空前的热情投入了新中国的建设事业,积极参加和领导教学、科研活动,进入了他学术上的第二个丰收期;1956年,参加制定我国12年科学规划,就在那时,他与钱学森、钱三强一起,被周恩来总理誉为我国的"三钱"。但是,1957年的噩梦打断了这一切,他的29个社会职务只剩下教授一职,而且从一级降为三级;他的独子尽管成绩优秀,却受牵连高考落榜;更有甚者,他被剥夺了公开进行科研、发表论著的权利。对于一位热诚的科学家,这是何等重大的打击!面对这样的局面,他没有灰心丧气,继续从事着力所能及的教学和科学咨询工作,据统计,从1958年到1966年,他提供了科学咨询、建议百余件,讲课12门,编写教材约600万字,为杂志审稿300余件,成了真正的"无名英雄"。在"文革"期间,钱伟长先生遭到更大的厄运,但是仍然痴心不改地进行着"地下"科研工作。他挑灯夜战,从事三角级数求和的研究工作;在首钢特殊钢厂劳动期间,他与工人亲密无间,与他们一起研制了水压机和热处理设备;稍后,他又根据国防需要,研制了轻质高性能电池,取得重大突破……他为什么能身处逆境而报国之心不动摇呢?他自己的回答是:"我不是党员,不过我还是拿党的事业作为我终身的事业。为了我们的民族我们个人吃点亏不要后悔,不值得后悔。我们历史上有很多英雄人物靠这么点精神,为我们中华民族立了大功绩!这就是公而忘私,……我们的先哲对我们的教育是很多的,譬如像范仲淹那句'先天下之忧而忧,后天下之乐而乐'的名言就是很精彩的!换句话说就是我们要为天下着想,这个天下现在就是中华民族,为党的事业着想,……"[5]171

改革开放一开始,钱伟长先生就迸发了新的活力:"四害已除,重新获得了科学工作的权利,欣逢1978年党中央号召'实现四个现代化'并召开全国科学大会,春风拂人,奋起之情,油然而生,虽已年近七旬,还能为四化服务效力,感到无限幸福。"[2]69 "……繁重的教学行政工作,丰富的政治社会活动,广阔的学术天地,使我的生活无限充沛而有意义,虽然岁月催人老,但是欣逢盛世,在党中央的号召下,愿夜以继日地奋发工作,以补偿26年来失去的珍贵年华;愿以自己点滴汗水,汇入祖国建设社会主义波澜壮阔的奔腾洪流中!"[2]114 这位老人爱国、报国的赤诚溢于言表,20余年来,他一直是这样做的。

他不仅身体力行,而且一直将爱国作为教书育人的关键。他说:我们培养学生首先应该是一个全面的人,是一个爱国者,一个辩证唯物主义者,一个有文化艺术修养、道德品质高尚、心灵美好的人;其次,才是一个拥有学科、专业知识的人,一个未来的工程师、专门家。[5]在各种场合,他不断语重心长地教导学生、后辈,一定要把国家利益放在第一位,个人利益服从于国家利益[5]。

四、治学精神:勤奋进取,锐意创新

钱学森院士说过:"钱伟长同志是个多才多艺的人。"[43]这是一个恰如其分的评价。认识钱伟长先生的人,无不赞叹他学识渊博、才思敏捷,也有不少人认为他是个天才。但钱伟长先生从未承认过这一点,相反,他说:"生而知之者是不存在的,'天才'也是不存在的。人们的才能虽有差别,但主要来自于勤奋学习。学习也是实践,不断的学习实践是人们才能的基础和源泉。没有学不会的东西,问题在于你肯不肯学,敢不敢学。自幼养成勤奋学习的习惯,就会比一般人早一些表现出有才能……"[3]212他还说过:"无论谁,也无论有什么样的条件,要想学得好,要想搞出成就,最先和最后所必不可少的都是勤奋。这就是说,始终都必须不辞劳苦、勤奋努力,都必须有孜孜不倦、锲而不舍的顽强精神和踏踏实实的学习态度。……我从来不相信有什么所谓'天才',而只是相信人的才能是用艰苦劳动培植出来的,天才出自于勤奋。……可能有人说我这个钱伟长也是有才能的,其实不然。我愿毫不隐讳地告诉青年朋友们,如果说我曾做

出了一点成绩的话,那么这点成绩也确确实实是用艰苦学习、不懈努力取得的。……这几十年来,无论在国外还是在国内,也无论条件好坏、环境优劣,我都一直是尽力而学的。因为我清楚地知道,任何人,不管他的天资如何,成就多么大,只要停止了努力就不能继续进步。今天不努力,明天就落伍;长期不努力,那就必然完蛋!正因为我坚守这个信念,20多年来虽然经受了各种各样的磨难,但我从未放弃过努力,所以我自信在专业上没有掉队。"[3]214—215

钱伟长先生在许多不同的场合说过,每个人必须终生学习。可以说,"学到老,做到老,活到老"是他的口头禅,请注意,这里,他把这句常用语的次序颠倒了,目的是强调学习的自觉性和实践的重要性。他认为,只有不断地学习,知识才不会老化,人们才能跟上时代的步伐。他经常举自己的经历做例子:"我58岁学的电池;我学俄语是几岁?是42岁;我学力学是36岁。不要以为年纪大了不能学东西,我学计算机是在64岁以后,我现在也搞计算机了,当然不像年轻人那么好,不过也吓不倒我。真理只有一条,国家需要你干你就学。可要有个基础,这个基础是靠你们在正规的教育里头培养的,不要轻视了基础。没有我当时的物理、数学、化学的基础,我现在什么也干不了,学什么东西都有困难。所以我不是天才,我的学习是非常勤奋的,我发现很多东西我还不懂,需要,我就学。"[5]143他还说:"到现在晚上8点以后是我的自学时间,一直到12点。晚上最安静,我可以安安静静地自学,获得我所不懂的东西。我毕竟是有经验,自学得很快,这是我长期锻炼出来的。我可以说,我没有懒过,我的知识没有老化。"[5]136说来令人难以置信,钱伟长先生家里在他70岁以前没有电视机,原因是:他是个"体育迷",特别爱看足球、乒乓球比赛的转播,他生怕看电视耽误了他的自学和工作,后来在儿孙辈的强烈要求下才购置了彩电。在他珍藏的照片里,还能看到白发苍苍的他挑灯夜读的动人情景。10年前,笔者有一次问他:"钱先生,你还'开夜车'吗?"他答道:"还开呀,开了50多年'夜车'了,难改了。"

钱先生不仅强调发奋苦读,而且反复强调不能死读书,要"学而时习之",对学问有他的独到见解。他说:"我有很多20年前、40年前不懂的东西,现在还不懂,我有工夫再把它们拿出来解决,有的东西解决了,我觉得就是很大贡献;有的东西没解决,有时晚上还经常想想,怎么这个问题到现在还没解决?不要紧,将来有人解决。学问就是这样,应该觉得自己不懂的东西很多,那你就是很有学问;你觉得什么东西都懂,你大概是没有学问的。"[5]215

钱伟长先生认为,仅仅想读书、会读书是不够的,要做好科研工作,必须大胆怀疑、锐意创新。他对评定科研工作的优劣有一个简单易行的标准,即"评定一个科学工作,……不外有几种情况:一种情况,他有新的观点,用了新的办法,或者是理论上的,或者是实验上的,解决了一个新的问题,从来没有人解决过,这是最好的一个工作。当然这个新的观点必然要有它的普遍性,因为越有普遍性,这个工作就越好。……如果是新的观点,用旧的办法,解决了旧问题,可是观点是新的,这也不错。如果用了老观点,用了新办法,解决了旧问题或者解决了新问题,这是次好的,……还有一种,用的是旧观点、旧方法,就是用得好、用得恰当,解决了新问题,这也不错。最不好的是,用老办法、老观点,解决了老问题。"[5]133 1997年,他又把这个标准简化为:"科研工作分为三类:第一类是用新方法解决新问题;第二类是用新方法解决旧问题或用旧方法解决新问题;第三类是用旧方法解决旧问题。第一类最优秀,第三类必须摈弃。"[28]这里,他特别强调了科研的推陈出新问题。他一针见血地指出:"一个人成功不成功,不看他是不是大学毕业,而是看他有没有创造性。"[5]206 接着,特别举了他在清华读书时亲眼见到的华罗庚先生的例子以说明问题。他还说:"我们科技工作者应该跟着时代的步伐前进,而且这个时代是我们自己创造的。我们要做前人没有做过的工作,要超越时代的水平。"[5]79 他希望把这种治学精神贯穿于教育过程之中:"使教育培养出来的人都能带着满脑子的问题进入社会,在工作中创新、改革。大批具有创新意识的人不断地在实践中探索问题解决问题,国家就会兴旺,社会就会大步前进。"[5]393

为了撰写本文,笔者浏览了钱伟长先生的大部分著作,发现其中到处闪烁着创造性的闪光点。例如,为了建立板壳的内禀理论,他在读通经典著作的基础上,系统地钻研了张量分析和微分几何,并将其糅合进传统的板壳理论,独特地引进了拖带坐标系,对应力-应变关系用张量做简洁的描述,最终获得了成功;再如,在前面提到的关于超音速锥型流的渐近分析问题上,他根据实际需要,在摄动的渐近序列中,引进了对数因子,简直妙得匪夷所思!要知道,这项工作完成于50多年前,那时摄动法还没有形成完整的理论!还有,在前文笔者述及钱伟长先生首创的合成展开法,其构思也是独创性的,此前,固体力学中还没有边界层理论,而流体力学中的边界层理论虽则出现于1905年,但其中的一贯做法是"匹配",即对边界层区和势流区分区求解,而将两个区域合起来统一地摄动求解,绝对是个大创造。1979年,在上海召开全国首届奇异摄动理论研讨会时,我们有机会仔细学习钱先生的合成展开法,在会议休息时,笔者问钱先生:"你这样做的思路是从哪里来的?"他形象地回答道:"首先,边界层里变量的变化剧烈,那你就得用放大镜或显微镜来放大,也就是把坐标的尺度放开;其次,既然解只有一个,你得把放大后坐标的函数和原坐标的函数归置在一起,大家'排排坐',一道展开。"笔者听后豁然开朗,原来创造主要来自物理直观,当然也来自经验的积累。笔者后来用这个观点写了篇文章,对奇异摄动理论做科普介绍,发表于《文汇报》。纵观钱先生的所有工作,发现有这样的特点:一是对前人的工作了如指掌;二是不拘泥于成法,不存在条条框框的束缚;三是既有物理学家的创新敏锐性,又有应用数学家的演绎严格性。如果按钱先生前面提出的标准来衡量一下,他的学术论文无不属于第一类的第一流的工作。

五、治学态度:面向实际,求真务实

钱伟长先生一贯强调,作为应用数学和力学工作者,应该时刻不要忘

记,要为解决实际问题而工作。1984年,当他亲手创办上海市应用数学和力学研究所时,提出了该所的办所宗旨:为国民经济建设服务,特别是为上海市的建设服务,在社会实际中提炼问题,上升到理论高度来认识,将所获得的成果回到实践中检验;在出优秀成果的同时,不拘一格地培养优秀人才;请进来,打出去,大力开展学术交流。这里,他特别强调了办研究所必须面向实际。1990年,他在上海工业大学校庆30周年时提出:一段时间以来,学校的改革重点是"拆四堵墙",它们是学校与社会之间的"墙"、教学与科研之间的"墙"、各系和各专业之间的"墙"、教与学思想上的"墙"。(见[5]首页)其中的一个重点是:办学、治学要面向实际,为社会服务。他经常用他的研究生导师辛格的话来激励大家:"我们应该是解决实际问题的优秀'屠夫',而不是制刀的'刀匠',更不是一辈子欣赏自己制造的刀多么锋利而不去解决实际问题的刀匠。"[2]27—28。他的学术兴趣十分广泛,在政治运动中有时受到讥讽,他说:"有人在'文革'中贴我大字报,写我是'万能科学家',因为我对什么都有点兴趣,都想干一番,都想提点意见⋯⋯"其实,他也不是盲目乱干。最近,他对笔者说:"我做工作一切从实际出发的;有需要,我就干;有不懂的,我就学;边干边学,摸着石头过河,只要对岸有果子要摘,再宽的河也要过。我敢于过河,不怕呛水。"他在谈论应用数学时说:"数学领域是汪洋大海,人们的物质生产活动和社会活动也是汪洋大海。搞应用数学的人必须要有勇气面对这两个汪洋大海,有时还得有大智大勇敢于跳进这两个大海,才有可能勇敢搏斗,抵达彼岸!"[4]215

我们不妨回顾一下钱伟长先生对自己的研究课题的选择。综观他六十年的科研方向,主要紧扣了非线性力学这一主题。关于非线性力学,他在1982年的全国非线性力学会议上有过精辟的论述[4]208—213。他指出,是钱学森的老师于1940年前后明确地强调力学中的非线性问题的。他说非线性力学的出现是有其工业背景和生产背景的。接着指出,本构关系、结构大变形、高速飞行、航天轨道计算等等的非线性,迫使人们用新观点、新方法去认识它们、了解它们。因此,基于这一认识,他60多年前,就选定非线性力学问题作为一辈子的主攻研究方向,从弹性板壳的内禀理论,到薄板的大挠度(即大变形),到穿甲力学,到非线性弹性力学的广义变分原理,乃至前不久,他以年近九旬的高龄,还在孜孜不倦地研究非基尔霍夫假设下的板壳力学问题,出了一批优秀成果。正因为如此,他成了当今仍健在的最高龄的非线性力学权威,在17年间主持召开了4届国际非线性力学会议,在国内外产生了深远影响。历史证明,钱伟长先生当年根据实际需要所把握的科研方向是正确的、卓有成效的。"文革"结束后,他敏锐地发现,在仪器仪表工业、水利工程、化学工程中,需要更好地进行环壳受力情况的计算。他对环壳理论进行攻关,取得了一批理论成果和实际成果,发起成立了中国力学学会管道力学专业委员会,挂靠在上海大学,目前,在他领导过的课题组里,已经承接完成了三峡工程中的一系列波纹管膨胀节的攻关项目。

他还强调,在选定问题之后,必须走向实际,深入调研。他说:要解决一个问题,就"需要收集情况,也需要向已经写出的书本学习,要向许多庞杂的资料进行学习,还要到现场去看问题发生的情况,背景怎么样,这样才能弄清楚这个问题的本质,才能想出处理这个问题的办法……"[5]25 在"文革"后期,在周恩来总理的支持下,根据军事需要,他承担了小体积高性能电池的研制任务,此前,他对电池一无所知,于是就下工厂、跑图书馆、找化学专家,从掌握第一手资料做起,3年中,他骑自行车跑遍了北京市的大小车间400多个,与国内100多个电池厂建立了联系,自己动手翻译了300万字的资料并加以整理,以清华大学锌空气电池研究组名义出版了《锌空气(氧)电池进展》。他还亲自动手操作试制极板、测量电学性能,经过1年多时间,研制出一种体积与普通电池相等而能量高出8倍的新电池,性能超出美国通用电气公司的同类产品40%,而且有防水性能,价廉物美,不少电池厂采用了这种电池的生产技术。几年下来,他居然成了电池专门家。

钱伟长先生一贯认为,应用数学和力学工作者的科研成果必须经受实践的检验。他指出:"'实践是检验真理的唯一标准'这是马克思主义的一个科学原则。发展科学要实践,光靠幻想不行,直观的认定也不行,要实践来检验。我们既然承认检验真理的唯一标准是实践,就应该把这个原则真正用到科学上面去。"[5]390他有一位极富创造性的师弟——著名应用数学家、美国科学院院士林家翘教授,他们俩的学术观点完全一致。有一次钱先生访问麻省理工学院,两人竟促膝长谈了5个小时。1978年,林家翘教授提出了应用数学过程,即实验观测—数学建模—分析求解—实践检验,认为所有理工类科研必须遵循这一路线,钱先生对此十分赞同。阅读钱先生的科研著述可以发现,他也一直坚持这一路线,所有工作源自实践,事先充分掌握实验观测资料,演绎过程有充足的依据,所建立的模型经得起推敲,所得结果必定经过与实验或其他已知结果的细致比对。他的求真务实也表现在对弄虚作假现象的深恶痛绝上。他大声疾呼地反对和惩治考试作弊现象,更反对在科研中弄虚作假。在他所领导的上海市应用数学和力学研究所里,有一次发现一名博士生的学位论文里所提供的计算程序没有可重复性,因此有"假算"的嫌疑。此后,他在各种场合经常举这个例子,要求坚决杜绝这类现象,并要求研究所建立研究生答辩前的程序考核制度。

六、治学方法:广闻博览,融会贯通

钱伟长先生经常告诫我们,治学一定要得法,一定要做到事半功倍。他说:"自学要有本事,第一是会找资料,你需要的资料。第二是自己要会读这些资料,能很快从这些资料中提炼出最核心最有用的东西,能整理得有条有理,跟原来学的东西挂上钩。第三是要有眼光,能够逐步看到进一步发展的景象。有了这三个能力,你就永远不会落伍,一直到退休为止。"[5]36他经常对身边的研究人员和学生说,查资料要抓两头,一头是所关注的课题的经典著述,另一头是最新文献,这样就容易追本溯源,搞清问题的来

龙去脉；他还把自己浏览文献的基本方法传授给大家：按顺序看题目、摘要、引言、结论，只对有价值的文献进行精读。他指出："论文要常常看，而又会看，因为论文都是第一线问题，有的部分你看不懂，因为你过去没有学过这一方面的东西，怎么办？跳过去。大的东西理解了，小的东西自然会解决，你走路用不着等路上的小石头都捡完了再走，不需要的，跳过去，绕过去，爬过去就完了。总的你要掌握，不要一字一句都去抠，要不然你没那么多时间。念论文注意这么几条：要节省时间，抓它最重要的东西，抓这篇论文的特色，作者自己会说的；文中提出了什么新的观点，这你非要理解不可；用了什么新的方法，老的方法你不用看；得到了什么结论，这个结论要看清楚，好的文章会讲还遗留了什么问题……"[5]245他还指出，科学的各个门类是相通的，因此，知识面要宽、阅读面要广，不要局限于本专业，更不要局限于自己的研究方向。他自己在大学时代，过了弃文从理关，在清华物理系站住脚后，他到化学系、数学系修了他们的主要课程，因此，在以后的科研实践中能应付自如。譬如，在搞高能电池时，他就充分运用了他在化学系学到的知识。在上海大学拆的"四堵墙"就包括了拆各学院、各专业之间的墙；在应用数学和力学研究所，他规定，学流体力学的必须学弹性力学，而学固体力学的必须学流体力学，的确收到了很好的效果。

他经常强调：读书、做学问必须做到融会贯通。他指出："在学习上懂得了'勤奋'，做到了'努力'，也还必须得法。这个法很简单，就是要'弄通'，要'理解'，切不要死记硬背。死记硬背的东西是没有用的，也是不可能记得牢的。"[3]215"要勤于思考，多想问题，不要靠死记硬背。这样，你一辈子才会是不断进步的，永远向上的。"[5]98他时常谈论融会贯通取得成效后所产生的愉悦感。他说："搞科学技术也要弄通（有关知识），不要熟读。……当你不通时是焦头烂额，一弄通，你就会非常愉快。从弄通事情里得到的愉快，是没有人能够想象的，比给你做个大官还舒服，我就是一天到晚在自我欣赏里过日子。我是在不断地弄通我过去不懂的东西，弄通了,就变成我自己的了。……先弄懂全局,在全局中再去挖掘细节,次要的细节也不要去管它。……要记住,学习要抓大节,抓大局,不要去抓细节,细节挡你,仍往前走,就像走路有坑不要紧,可以绕过去。"[5]37—38 阅读钱先生的著述,笔者发现,他弄通的学问真不少,笔者经过思考认为他至少有三大"法宝":张量分析、渐近分析(摄动法和奇异摄动法)、变分原理(当然还有其他许多"法宝")。经过几十年的磨炼,这些法宝已被运用到炉火纯青的地步。举例来说,板壳内禀理论的主要工具是传统的弹性理论加上张量分析和曲面坐标(微分几何);薄板大挠度理论是非线性微分方程的新的摄动分析;而广义变分原理则在弹性力学的能量泛函变分中融合拉格朗日乘子法,加上一套新的演绎方法。令人感兴趣的是,当钱伟长先生论述电磁场理论时,也揉进了变分原理,而且收到了好效果(见文献[19,45])。值得一提的是钱先生与众不同的写书方式,一般人著书立说时,手头总是放着一大堆相关书籍,不时翻阅查看,以便"引经据典"。但是,据他当时的一位学生说,钱先生写专著[19]时却是另一番景象:他的案头不放任何"典籍",全书1 000多个公式,都是信马由缰,随手写来,有时在草稿纸上做些推导,可见他对有关知识早已融会贯通、成竹在胸,而书上的不少结果是出于他本人的创造(详见文献[45])。笔者联想当今学术界许多"剪刀糨糊"或"电脑剪贴"式的文抄公,实在替他们汗颜。

七、治学谋略:群策群力,集思广益

从1946年开始,钱伟长先生就在高校里长期从教,开始了他的传道授业的生涯。据笔者估计,听过他上课的人数至少有几万名,他亲自传帮带的研究生大约为百名左右。他的教学方法是循循善诱的、启发式的,许多学生评论道:"听钱先生上课是一种艺术享受。"他一直把扶持、提携后进作为他义不容辞的责任,也深知,完成任何科研任务,必须发扬团队精神,50多年来,他在实践中带出了一大批科技精英和有用人才。这里想简单评述他作为学术带头人所采取的策略,着重探讨他的群策群力、集思广益

的做法。

钱伟长先生从冯·卡门处回来,带来了冯·卡门的学术民主作风和举办学术研讨课的做法[46]。早在清华期间,他就主持了一系列研讨课,关于圆薄板大挠度问题研究的发展和完善工作,就是在那个由林鸿荪、胡海昌、叶开沅等研究生参加的研讨课上完成的。而真正将研讨课制度化并使其大行其道的,是在他主持上海大学(及原上海工业大学)和上海市应用数学和力学研究所之后[47]。在上海市应用数学和力学研究所,遵循他的"请进来,打出去,加强学术交流"的办所宗旨,每周四雷打不动地召开研讨课,规定所有研究人员和研究生必须参加,并给研究生记学分,18年来,该所已经举办了499期研讨课,由于第一期研讨课是钱先生亲自主讲的,第500期也准备让他主讲。主讲研讨课的人员中,国外专家、国内专家和所内人员各约占三分之一。许多国内外知名学者登上过该所研讨课的讲坛,其中包括几十位国内外科学院和工程院院士、国内不少力学系和应用数学系系主任。这些报告大多是近期研究工作综述,使研究所人员足不出户就知道了国内外的应用数学和力学的发展趋势。钱先生还要求参加研讨课的人员必须踊跃发问、积极参加讨论,他经常对学生说:"你们应该有满脑子的问题,而seminar是提问题的好机会。记住:不存在愚蠢的问题,提问题永远是聪明的。"在这种做法带动下,所内各分支学科的带头人也纷纷在晚上举办小研讨课,因此所里每到晚间一定灯火辉煌,大家在无拘无束的氛围中细致地讨论问题,许多问题迎刃而解。

钱先生非常善于带动青年人与他共同攻克难关。一般他不是手把手地教,而经常在自由的讨论中发挥学生的能力,在所有学生开始做课题之前,他会安排一次恳谈,提出他的要求,有时指定一两篇文献,之后做得最多的是倾听学生的研究进展报告,一针见血地指出存在的问题,让学生在实践中磨炼自己。

在他的率领下,上海市应用数学和力学研究所不断地进步,完成了几百项重要课题,已发表学术论文2 000多篇,人均论文数一直在校内首屈一指,在国内外已有一定的知名度。正如一位从事流体力学研究的院士所说:"这个研究所是国内从事力学研究的一块福地。"如今,研讨课制度已在上海大学推广,学校正在向应用研究型大学的方向前进。

八、学术思想溯源:先哲名师的影响和哥廷根学派的魅力

下面,笔者尝试着对钱伟长先生学术思想做一番溯本探源,侧重探索先哲名师对他的影响以及哥廷根学派对他的学术思想形成的潜移默化的作用。

(一)先哲名师的影响

钱伟长先生出生在一个贫穷的农村知识分子家庭,祖父和父叔都是乡村教师。正如他所说:"幼年平时生活虽然清苦,但每逢寒暑假,父亲和叔父们相继回家,就在琴棋书画的文化环境中享受到华夏文化的陶冶。父亲和四叔陶醉于中国文化和历史,用薪资节省下来的钱购藏了四部备要和二十四史,以及欧美名著译本,夏天每年三天晒书和收书活动,我是最积极的参与者,从这些活动中,增长了我对祖国浩瀚文化的崇仰……"[2]2 由于父亲英年早逝,钱伟长受四叔钱穆的影响最大,钱穆仅上过中学,靠非凡的刻苦自学成才,学术上卓有成就,毕生著述甚丰,多达76部(本),经、史、子、集皆精通,香港学术界称他是"博通四部,著作等身"的国学大师。[5]415 四叔不仅资助钱伟长完成中等教育,而且经常让其陪读,少年钱伟长跟着四叔博览群书,打下了深厚的国学根底,养成了良好的学习习惯和严谨的学风。投考高中时,由于数理基础差,钱伟长以末名进入四叔任教的苏州高中,在那里得到了钱穆、吕叔湘、陆侃舆等一代名师的指点,尤其是数学老师严晓帆让他每晚去教师宿舍为他额外补课,两人一起"开夜车",从此钱伟长养成了"开夜车"的习惯,而且是"六十年一贯制"。钱伟长先生说:"在苏州高中老师们的引导下,使我走出了为解决个人生活而学习的小径,启迪了我追求真理,追求学术探索的无尽向往。"[2]8—9

由于钱伟长少年时代熟读古籍,尤其喜欢读司马迁的《史记》,这对

他后来的学术风格的形成产生了很大影响。本来钱伟长的家长们就有"游学"的传统,读了《史记》后,更觉得应该像太史公那样"读万卷书,行万里路"。因此,只要环境和身体允许,他每年有很长时间在中外各地做学术旅行,至今,国内除西藏地区以外,他的足迹遍及大江南北、长城内外的所有省市自治区;国外到过几十个国家;总行程数以百万公里计。最近他对笔者说:"是司马迁老先生告诉我这样做的。"与一般文人骚客不同的是:每到一地,他并不放眼于水光山色,总是行装甫卸,或到工厂农村考察,或与人做学术交流,或做学术报告。凭借着他深厚的学术功底,他会经常给东道主出"金点子"。这里仅述一二。1983年,钱伟长先生应福建省委书记项南同志的邀请访问福建,在参观闽江上的马尾港时发现,这个1975年耗资6亿元修建的军港,因港址选择不当(未考虑科氏力效应),已经严重淤塞,弃用已达7年之久,有人提出迁建新港。钱先生下现场仔细勘查之后,马上想起读过的古书中提到的"束水攻沙"之策,提议用乱石从闽江对岸向江中抛投造乱石堤,堤长约200米,用急流冲去泊位区的淤沙,不必营造钢筋混凝土大坝,用土法即可收"束水攻沙"之效。项南同志当即批准此议,只动用了闽江木船搬运抛投乱石,历时1个月,耗资仅百万元即大功告成:即将报废的港口复活了,迄今未发生淤积问题。于是一时传为美谈,报刊上以"专家一席话,救活一军港"为题发表了专题报道。笔者写本文时,想探究这个"束水攻沙"的来历,在钱先生的早期文章《中国古代的科学创造》(原载《中国青年》1951年1月7日第57期,《人民日报》1951年2月1日转载,也可见[5]59—65)中找到了答案。文中写道:"黄河从上游带着大量的沙粒疾行而下,到了下游,人民都引河水灌田,使河流慢下来,以致入海的出口渐渐淤塞,于是一到水涨,就不时溢出,造成水患。这样的情形,一直到王莽时(公元9—22年)有位长安人张戎科学地提出了水流流速与沙淤的关系。这个科学的结论,为以后有名的水利工程师王景(汉明帝,公元69年)、贾鲁(金泰定,公元1351年)、潘季驯(明嘉靖,公元1565年)、靳辅(清康熙,公元1677年)等治河的基本原则。他们根据这个原则,创造了'筑堤束水,藉水攻沙'的治水方法。这些工程师们在坚决地执行这个原则时,克服了不少工程上的困难,发动千百万的人民群众,完成了不少伟大的修渠筑堤工程。"原来先生早就有这样的知识积累!笔者从中懂得了什么是"厚积薄发"。出于好奇,笔者进一步查了《辞海》,找到了"束水攻沙"词条,其中解释道:束水攻沙,我国自西汉以来治沙的一种主张。其方法是在宽浅河段筑堤束狭河槽,增加流速,利用水流本身力量以冲刷泥沙,防止淤积。西汉张戎指出"水长则疾,河疾则通";潘季驯则加以运用发展,他在《河议辩惑》里说"水合则势猛,势猛则沙刷,沙刷则河深"。又说"筑堤束水,以水攻沙。"原来先生的话都是有根有据的,没有深厚的国学根底,就不可能如此。钱先生告诉笔者,他是从《汉书》和《明史》中读到这些的。后来他在访问山东省时,又发现了黄河出海口的淤塞问题,他又提出了"束水攻沙"的建议,不过这次没有现成水流可用,于是他提议用机械设备来束水,于是,出现了大批消防车用高压水龙攻沙的壮观场面,收到了良好的效果。顺便提一下,上述《中国古代的科学创造》一文及其姐妹篇《中国古代的三大发明》(见文献[5]68—74)是钱先生在参加赴朝鲜慰问志愿军的代表团时,在火车上写成的,由于发表后反映热烈,先生在此两文的基础上写了《中国历史上的科学发明》[9],从中可以看到先生在国学与科技方面的深厚的知识积淀。再举一个例子,钱伟长先生于1986年因参加学术会议访问兰州,会见了省长贾志杰同志,谈到了甘肃的金川镍矿区和白银铜矿区的人才外流问题,省长很是头疼。钱先生从他的人生阅历里搬出了洛杉矶和巴库正反两个例子。这两个城市在100年前以开发石油起家,前者在开发石油的同时先后发展了电影、航空、纺织、电子等工业,迄今保留了重要城市的地位,而后者则单打一,随着石油资源枯竭,城市走向消亡。因此,赠送给省长一张"多种经营"的"方子",省长认可并获中央批准后,马上干起来,现在两矿区成了新兴城市,再也没有"孔雀东南飞"现象了。

除了游学四方、博览群书这两点以外,我们还可以从钱先生治学思路和严谨性方面看到国学传统对他的影响。钱先生幼时熟读二十四史，并学习其四叔钱穆先生的治学方式，养成了科学研究思考缜密、处理问题条分缕析的习惯。以板壳的内禀理论为例，板有圆板、方板，壳有球壳、锥壳、环壳、柱壳等等，形状各异、结构不同，想把它们归总，谈何容易，但他抓住了建立以中面为基础的拖带坐标系这个"牛鼻"，用张量分析这根"缰绳"，先使这头"牛"就范，然后用"庖丁解牛"的功夫细细解剖、理顺，将板分成12类，将壳分成35类，把人们过去的结果一一引来，"对号入座"，连冯·卡门于1910建立的著名的薄板大挠度冯·卡门方程也成了其中的一个特例。想一想，这种工作不是与国学大师的做法有点相像吗？

（二）哥廷根学派的魅力

钱伟长先生曾师从于哥廷根学派的传人辛格和冯·卡门教授，哥廷根学派对他的学术思想和治学风格有着根深蒂固的影响。他在《八十自述》中写道："在加拿大多伦多和美国加州理工大学时，和辛祺、英菲尔德教授交往很多，在加州理工学院亦多次和冯·卡门教授接触，他们都是欧洲哥丁根学派的传人。哥丁根学派是应用数学的倡导者，他们都有很深的数学根底，有更好的物理过程的理解，对待数学上都强调对物理过程的本质问题的认识是主要的，但在数学方法上从不吝惜使用，力求其用在刀口上，要有（用）得漂亮，用得朴素简洁。为了解决一个实际问题有时不惜跳进数学这个海洋来寻找最合适的工具，甚至于创造新工具。他们都警告我们，数学在应用数学者说来，只是求解实际问题的工具，不是问题本身。辛祺教授甚至说：你们应该有捏着鼻子跳进海洋的勇气，但应该懂得避免不要淹入海底，懂得在完成任务后爬上来，寻找新的物质运动的主题。数学本身很美，不要被它迷了路，应用数学的任务是解决实际问题……"[2]27

他还说：辛格教授的第一课就是阐明哥廷根是主张用数学来解决实际问题的，这和一般数学家的"应用数学"不一样。数学家是在研究数学问题，从数学中找问题的，哥廷根学派是从物理、化学和一般技术找问题，而要用高明的数学办法去说明物理或技术问题，首先要弄清物理或具体技术问题的本质,其次是要用数学上现已通用的表达方式去表达它,然后按实际问题的需要来求得实际的定量或定性的答案。辛格教授说,数学是汪洋大海,为了解决实际问题,我们应该以不怕淹死的精神,跳进这个汪洋大海,去寻找那最好的数学工具,用来解决实际问题。他力主不要怕数学,但也不能迷在数学中,一定要在找到宝后,极早爬上岸来,用这个宝去解决实际问题。我们深受教育。他一生中解决过很多问题,也用过很多宝,但从来没有迷恋过某一个数学问题。[47]7—8我国另一位力学大师钱学森院士非常重视传承哥廷根学派的学术传统。最近,谈庆明教授写道:"我们应当学习和发扬……他(指钱学森院士)所继承和发扬力学大师普朗特-冯·卡门的应用力学学派的优良传统。概括地说,应用力学家必须着眼于工程技术中带有普遍性的理论研究对象,通过艰苦细致的研究工作,提出新的科学创见,从而改进工程技术,形成新技术,产生新产业。"[49]507再来看看郑哲敏院士、李家春教授对郭永怀院士的评介,在介绍了哥廷根学派的风格和特点后,他们说:在美国加州理工学院冯·卡门领导的研究集体使这种风格得到了充分的发展。由于郭永怀的良好的数学物理基础和渊博的工程技术知识,他使这种结合达到了十分完美的程度,并带到了中国,影响了我国力学学科和两弹一星事业的发展。[50]我国力学事业的三位奠基人不约而同地继承了哥廷根学派的传统,那么,这个学派的精髓与魅力何在?

这里我们对哥廷根学派作一简单介绍。先来看看20世纪的航空航天大师冯·卡门是怎样评价哥廷根学派的。他在1967年出版的自传中写道:"只要一提起哥廷根,我至今仍然感到激动不已。英王乔治二世于1734年创办的这所古老的普鲁士大学,有时候人们管它叫乔治亚·奥古斯都大教堂。后来哥廷根大学成了欧洲大陆的哲学、语言学和法学的发源地。我进哥廷根时,它又是全世界的一个主要数学中心。高斯、韦伯、黎曼、普朗克、希尔伯特以及基础科学方面的众英才都是哥廷根大学出身。在学术研究和教学方面,素有德国大学王子称号的哥廷根大学,以倡导自由、独创的学风闻名于世。这种治学精神终于使它成为培育20世纪科学巨匠的摇篮。正是哥廷根的一批学生,为原子和空间时代奠定了基础。"[46]40 他还说:哥廷根学派创始人克莱因认为,"工科大学不仅要有坚实的理论基础,还应该真正懂得科学研究的方法。另一方面,数学家也需要具备一些工程技术基础知识。实际上,他就是推动哥廷根大学沿着这个方向前进的。克莱因的指导思想后来成了我在亚琛工学院和加州理工学院继续搞科学与技术相结合的动力源泉。科学与技术密切结合是哥廷根大学的一大改革。此后几十年,它对全世界大学教育产生了极大影响"[46]63。

哥廷根大学有悠久的数学传统,由高斯、狄利克雷(J. P. Dirichlet)、黎曼(D. F. Riemann)先后担任学科带头人,但直到1886年克莱因和1888年希尔伯特(D. Hilbert)的到来,才出现了辉煌的克莱因-希尔伯特时代。克莱因以他的非凡的创造天才和组织才能进行了一系列科学组织活动:大力罗致和提拔人才,引进了当时26岁的希尔伯特以及相对论专家闵可夫斯基(H. Minkowski),首次在德国大学设置应用数学教授席位,任用应用数学家龙格占据此席位;创立数学研究所;1898年创立哥廷根应用数学和技术促进协会,由科学家和经济界领导人(如奥托等)联合组成,这是科学史上第一个把科学界与经济界联系起来的组织,协会成立了一系列科学技术研究所,例如航空和流体力学研究所(流体力学大师普朗特为领导人)、应用电学研究所、地球物理研究所等等,在哥廷根大学设置应用力学系、应用物理系和应用数学系,这一切为科学与技术的密切结合创造了条件;组织科学教育改革和科学普及活动,研讨课和闻名于世的"数学散步"就此经常化。后来,经过希尔伯特的努力和众多物理学家的参加,哥廷根大学成了当时欧洲的学术中心(详见文献[51—54])。在克莱因的领导下,出色的学术成果不断涌现,如普朗特的边界层理论、海森堡(W. K. Heisenberg)的量子论和矩阵力学、卡门涡街等等。

正如文献[50]所指出的,哥廷根学派的主要特征是理论与实际、科学与技术、数学科学与应用科学的密切结合。钱伟长先生身体力行,在他的科研工作和科研教学领导工作中,充分实现了这种结合。通读他现存的168篇学术论文,都有明显而重要的实际应用背景,大多为了解决当时实践需要的重大问题(详见前文);笔者在与他讨论科研选题问题时,他说:"目光要远大一些,不要去搞那些没有应用背景的雕虫小技。"试看他为他的博士研究生所做的一些选题:板壳大变形、波纹管计算、穿甲力学计算、河口冲淤、河口风暴潮、冷却塔的流场计算及强度问题等等,这些问题都是实践中急需解决又有一定理论难度的问题。最近,他满怀热情地向笔者谈起所里的一位突出的研究生——周文波同志,他现在是上海市隧道建设公司的领导、上海市十大杰出青年之一,在上海的地铁和隧道建设中立下了汗马功劳。周文波在十几年前来到上海市应用数学和力学研究所,以软地基地下构造应力分析专家系统为题攻读硕士学位,选题直接与隧道建设有关,所开发的软件可应用于上海市或有类似地基结构的地下工程,他的这一研究为他日后工作奠定了坚实的基础;但他并不满足于现状,最近又开始在职在该所攻读博士学位。钱先生谈起周文波时,两眼放光,由衷的兴奋之情溢于言表。2001年,他召集应用数学和力学研究所的业务骨干会议,就谈一件事情:如何把握学科发展新动向,他拿出一堆《应用力学评论》杂志,让大家进行阅读、调研,并考虑如何开展实际需要的重大课题研究。现在,这个研究所的年轻人都以自己是哥廷根学派的第四、第五代传人为荣,决心沿着钱伟长所长指引的方向走下去,将这个研究所办成世界一流的应用数学和力学的研究中心。

哥廷根学派在治学上的特色是"自由、独创的学风"(冯·卡门语[46])。冯·卡门还说:"在哥廷根,我出席了一个接一个的原子理论讨论会,为那些年轻有为的物理学家们所深深吸引。他们成群结队进出学校的各个课堂,一边走、一边谈;不是探讨新概念,就是尽力为表面上互相矛盾的那些新发现寻求和谐统一的解释。在这种热烈气氛下,我跟物理学家玻恩一起研讨原子理论也就毫不奇怪了。"[46]79—80正如文献[54]所描述的:哥廷根学派之所以能吸引人,是因为哥廷根有一个良好的学术交流环境。这个环境的形成是与哥廷根教授的工作作风密不可分的。克莱因善于讲课,还组织讨论班,他认为讨论班可以激发学术研究。在讨论班上,他把自己那丰富多彩的思想以及处理问题的思路毫无保留地传授给学生们。这种交流方式很快在德国得到普及。该文也提到,希尔伯特也是讨论班的热诚的组织者和参加者。冯·卡门把这种风气带到了加州理工学院,郑哲敏院士在中国力学学会的一次会议上曾绘声绘色地描述过冯·卡门的研讨课,它们通常在他住所的客厅里举行,助手和学生云集,提出各种各样的问题,大家热烈争辩,有时尚能心平气和,多数场合争得脸红耳赤;对难题实在没有计策时,冯·卡门就会说,看一看维塔克(Whittaker)的"菜单"吧!(指维塔克的专著《现代分析》);讨论时间长了,大家感到饥肠辘辘时,就到冰箱里找东西吃,冯·卡门的妹妹经常为大家备有精美点心。许多举世瞩目的结果,就是在这个客厅里孕育出来的。在文[49]中有这样的描述:"冯·卡门每周主持一次工作会议和一次学术活动,周周都开,神圣不可侵犯。在工作会议上,希望每个人都报告自己的工作,不管是教授还是学生,讨论十分活跃,说错了也不要紧。冯·卡门的指导思想显然是:所有的人都参加这个集体所从事的工程科学的原始研究,每个人的研究都是重要的工作,希望每个人都能充分发挥自己的学识和经验,并对别人作出贡献,因此这种活动极其成功,深受欢迎。"[501] 钱学森院士把这个风气带到了中国科学院力学研究所,据谈庆明教授回忆,该所一建成,就有了研讨课,最初的参加者仅16人,最初讨论的问题与高速空气动力学和物理力学有关。那时,钱学森先生拿到出版《星际航行概论》的稿费,就拿出一部分在自由讨论时请大家用点心。郭永怀院士在中科院力学所的电磁流体力学研究室也组织了每周一次的研讨课,集中攻读留比莫夫的有关专著,并研讨相关的几个研究方向。笔者有幸参加了这个研讨课,讨论的气氛非常热烈,常常为一个有歧见的问题争吵得脸红脖子粗,结果总是郭先生的意见成为定论,大家常为郭永怀先生的许多真知灼见所折服。所以说,钱伟长先生所提倡的研讨课不是他发明的,而是对哥廷根学派的优良传统的继承和发扬,但是,在上海市应用数学和力学研究所18年一以贯之的坚持举办定期研讨课,则反映了钱先生对这种发扬学术民主做法的执着和彻底认同,而这种制度和所造成的学术氛围也是使该所能跻身于强者如林的力学界、成为研究力学的"洞天福地"的原因之一。

九、结束语

在本文中,通过引述钱伟长院士的种种论述、简介他的学术成就并分析他的治学理念及学术风格,我们可以得到如下结论:

第一,钱伟长先生的学术思想的精华在于:立足于社会实践,以高瞻远瞩、勇于探索的思路,根据经济、科技发展的需要来发现、提炼问题,经过充分调研,以广泛扎实的知识基础和独辟蹊径的创造性劳动,建立实际问题的数学模型,用独创的或先进的方法加以巧妙处理,将所得的成果经过实践的严格检验,并上升到新的理论高度加以认识或系统地发展成新的理论。事实证明,这种思想指导下的科研实践是无往不胜的。

第二,钱伟长先生的治学风格的精髓在于:爱国敬业、自强不息、锐意创新、求真务实、广闻博览、群策群力。我们应该努力学习他的热爱祖国、热爱科学的高尚品格,脚踏实地、终生向学的治学态度,勇于创造、刻意求新的无畏气概,藐视困难、百折不回的奋斗精神,提携后进、传道授业的献身理念,发动群众、协力攻关的组织才干。

第三,钱伟长先生的学术思想的渊源在于:努力吸收古今中外先贤先哲的治学理念,继承发扬哥廷根学派的优良传统,用辩证唯物主义理论武装自己,将理论与实际、科学与技术、数学科学与应用科学密切地结合起来,科学地调动一切积极因素,为祖国的四化事业贡献自己的全部力量。

本文在写作过程中,曾得到钱伟长院士的具体指导,并经他仔细审阅、修改原稿;还受到笔者的老师李佩教授、学长谈庆明研究员和李家春研究员的启发;笔者的助手乐嘉春博士对原稿提出不少宝贵意见;笔者的助手董力耘博士,学生卢东强、雷丽、安淑萍等曾帮助查找资料,谨此一并致谢。

参考文献

1 钱伟长:《钱伟长科学论文选集》,福建教育出版社1989年版。

2 钱伟长:《八十自述》,海天出版社1998年版。

3 钱伟长:《钱伟长文选》,浙江科学技术出版社1992年版。

4 钱伟长:《钱伟长学术论著自选集》,首都师范大学出版社1994年版。

5 钱伟长:《教育和教学问题的思考》,上海大学出版社2000年版。

6 周文斌、孔祥瑛:《钱伟长传略》,见[3]1—31。

7 中国科学技术协会编:《中国科学技术专家传略:工程技术编·力学卷1》,中国科学技术出版社1993年版:166—195。

8 钱伟长:《有代表性的科学论文简介》,见[3]43—58。

9 钱伟长:《我国历史上的科学发明》,中国青年出版社1953年版;重庆出版社1989年版。

10 钱伟长、林鸿荪、胡海昌、叶开沅:《弹性圆薄板大挠度问题》,中国科学院出版社1954年版。

11 钱伟长、林鸿荪、胡海昌、叶开沅:《弹性柱体的扭转理论》,科学出版社1956年版。

12 钱伟长、叶开沅:《弹性力学》,科学出版社1956年版。

13 清华大学锌空气电池研究组编译:《锌空气(氧)电池进展》,科学出版社1975年版。

14 钱伟长:《应用数学与力学论文集》,江苏科学技术出版社1980年版。

15 钱伟长:《变分法及有限元(上册)》,科学出版社1980年版。

16 钱伟长主编:《奇异摄动理论及其在力学中的应用》,科学出版社1981年版。

17 钱伟长编著:《穿甲力学》,国防工业出版社1984年版。

18 钱伟长:《广义变分原理》,知识出版社1985年版。

19 钱伟长:《格林函数和变分法在电磁场和电磁波计算中的应用》,上海科学技术出版社1989年版；上海大学出版社2000年版。

20 钱伟长：《电机强度设计计算的理论基础》，安徽科学技术出版社1992年版。

21 钱伟长：《应用数学》，安徽科学技术出版社1993年版。

22 钱伟长：《微分方程的理论及其解法》，国防工业出版社1992年版。

23 Synge J L, Chien W Z. The intrinsic theory of elastic shells and plates. *Applied Mechanics*, Theodore von Krámán Anniversary Volume, 1941: 103–120.

24 Chien W Z. The intrinsic theory of elastic shells and plates. Parts 1, 2, 3. *Quarterly of Applied Mathematics*, 1944, 1(4): 297–327; 2(1): 43–59; 2(2): 120–135.

25 Rutten H S. The theory and design of shells on the basis of asymptotic analysis. *Consulting Engineens,* Holland. 1973: 2–3, 23.

26 Chien W Z. Derivation of the equations of equilibrium of an elastic shell from the general theory of elasticity. *The Science Reports of National Tsing Hua University*, Ser. A, 1948, 5: 240–251.

27 Chien W Z. Large deflection of a circular clamped plate under uniform pressure. *Chinese Journal of Physics*, 1947, 7(2): 102–113.

28 Chien W Z. Asymptotic behavior of a thin clamped circular plate under uniform normal pressure at very large deflection. *The Science Reports of National Tsing Hua University*, 1948, 5(1): 71–94.

29 Chien W Z, Chen S L. The solution of large deflection problem of thin circular plate by the method of composite expansion. *Applied Mathematics and Mechanics*, 1985, 6(2): 103–119.

30 Vol'mir A S. Bending of plates and shells. Moscow: Mir, 1956.

31 戴世强：《关于圆薄板大挠度问题的正交条件解法》，载《应用数学和力学》，1991（7）：579—586。

32 戴世强：《PLK方法》，见文献[16]33—86。

33 周焕文：《奇异摄动法在圆板大挠度问题中的应用》，见文献[16]310—339。

34 Bromberg E. Non-Linear bending of a circular plate under normal pressure. *Communications on Pure and Applied Mathematics*, 1956, 9: 633-659.

35 钱伟长、郑思梁：《轴对称圆环壳的复变量方程和轴对称细环壳的一般解》，载《清华大学学报（自然科学版）》，1979（1）：27—47；也可见文献[1]513—532。

36 钱伟长、郑思梁：《轴对称圆环壳的一般解》，载《应用数学和力学》，1980（3）：287—300；也可见文献[1]709—727。

37 钱伟长：《细环壳极限方程的非齐次解及其在仪器仪表上的应用》，载《仪器仪表学报》，1980（1）：89—112；也可见文献[1]685—708。

38 钱伟长：《半圆弧波纹管的计算——细环壳理论的应用》，载《清华大学学报（自然科学版）》，1979（1）：84—99；也可见文献[1]567—581。

39 钱伟长：《弹性理论中广义变分原理的研究及其在有限元计算中的应用》，载《机械工程学报》，1979（2）：1—24。

40 钱伟长：《高阶拉氏乘子法和弹性理论中更一般的广义变分原理》，载《应用数学和力学》，1983（2）：137—150。

41 钱伟长：《大位移非线性弹性理论的变分原理和广义变分原理》，载《应用数学和力学》，1988（1）：1—11。

42 Chien W Z. Incompatible elements and generalized variational principles. *Advances in Applied Mechanics*, 1984, 24: 93-153.

43 钱学森：《写在〈郭永怀文集〉的后面》，见《郭永怀文集》（中国力学学会、中国科学院力学研究所编），科学出版社1982年版：331。

44 Chien W Z. Foreword. *Journal of Shanghai University*, 1997, 1(1): 1.

45　戴世强:《一本不可多得的应用数学专著——评介钱伟长院士的专著〈格林函数和变分法在电磁场和电磁波计算中的应用〉》,载《应用数学和力学》,2001(7): 771—772。

46　冯·卡门、李·爱特生著,曹开成译:《冯·卡门——航空与航天时代的科学奇才》,上海科学技术出版社1991年版。

47　钱伟长:《怀念同窗益友郭永怀教授》,见《郭永怀先生诞辰九十周年纪念文集》(郑哲敏主编),气象出版社1999年版,7—9;也可见文献[5]394—397。

48　徐梅英:《积极开展学术活动,促进科学研究与人才培养》,《高教研究》,1989(2): 41—42。

49　谈庆明:《钱学森对近代力学的发展所做的贡献》,载《力学进展》,2001(4): 500—508。

50　郑哲敏、李家春:《科学和技术结合的典范——纪念郭永怀先生诞辰九十周年》,见《郭永怀先生诞辰九十周年纪念文集》(郑哲敏主编),气象出版社1999年版: 23—26。

51　袁向东、李文林:《格廷根的数学传统》,载《自然科学史研究》,1982(4): 339—348。

52　高嵘、李文林:《历史上的数学学派——理论初析》,载《自然科学史研究》,1998(3): 207—218。

53　王自华、桂起权:《海森伯与慕尼黑-哥廷根-哥本哈根三个科学共同体》,载《华南师范大学学报(社会科学版)》,2000(3): 3—9,21。

54　叶政:《从哥廷根学派的兴衰看近代中国数学发展缓慢的原因》,《宁波师院学报》,1991(6): 7—11。

(本文原载《力学进展》2003年第1期)